地方創生最前線

全球8個
靠新創企業、觀光食文化，和里山永續
打開新路的實驗基地

【著】中橋惠、鈴木裕一、宮部浩幸、漆原弘、鷹野敦
【編著】松永安光、德田光弘
【譯】林詠純

世界の地方創生：
辺境のスタートアップたち

推薦序

我們面對的，不再是建設的年代，而是如何使用的時代

近年來，台灣各地開始出現「地方創生」這個新的名詞，而行政院國發會也提出「設計翻轉、地方創生」計畫，希望活絡地方經濟與解決地方人口外流的問題。這是繼一九九四年行政院文建會參考日本的「造街運動」推出「社區總體營造」以來，再次面對地方振興與社區發展的議題，提出的政策新方向。什麼是「地方創生」？基本上，這是日本安倍內閣二〇一四年的重要政策之一，在政府部門與民間的積極參與下而蔚為風潮，本書《地方創生最前線》可以說是在日本地方創生風潮之下，建築專業者們首次有系統地整理世界各地之地方創生案例的第一本書籍。

日本國內推動地方創生的主要目的，在於面對高齡少子化時代，許多偏鄉地區出現人口逐漸老化，甚至面臨存亡危機的「限界集落」（六十五歲以上的高齡化人口超過人口數一半的聚落）問題，因此如何導入其他外在的資源，創造地域生活與產業能夠持續發展的機制，成為地方創生的主要任務。不同於過

去推動的「造街運動」，只是著眼於社區內在需求與追求社區意識的概念，地方創生更著重在創造出地方安定的就業機會，以促進地域的自律活性化。簡單的說，就是要跳脫過往依賴政府補助金的造街運動，公部門資源的投入是希望能帶動地區振興的機制，不是要大家一起來花錢，舉辦曇花一現的活動，而是要大家一起來賺錢，形塑生根在地的持續經營環境，要如何達到這樣的目標，特別是在資源匱乏的偏僻地區，世界各國的人們如何解決當地的問題，因此本書的作者群們，出發前往世界各地的邊境考察，將考察心得集結成為本書的內容。

本書收集了奧地利阿爾卑斯地方、義大利山城小鎮、西班牙庇里牛斯南麓、葡萄牙里斯本山賊村、愛爾蘭都柏林漁港、蘇格蘭格拉斯哥、芬蘭地方小鎮、台灣台中舊市區與嘉義舊監獄宿舍，以上八個地區的案例，編者們之所以從這些資源相對缺乏的地區著手，除了企畫編輯的概念強調「創新來自於邊境」之外，主要的背景是日本國內自從三一一大地震後之後，許多建築師紛紛下鄉到災區進行地方復興的工作，也帶動了建築專業者實際面對日益嚴重的「限界集落」議題，建築師伊東豐雄帶領他的事務所團隊，多年來在瀨戶內海的大三島上進行的地域振興提案與行動，就是其中著名的案例，不同於以往的建築專業者下鄉，只是單純的田野調查或接受委託設計地方公共建築，日本這次的地方創生風潮中，建築專業者們更積極地扮演資源整合的角色，與當地的市民團體共同合作並付諸於實踐，甚至跨行成為在地企業經營者的也不在少數，這也是本書介紹世界各地專業者們的實踐行動之主要目的。

從這些世界各地的地方創生案例中，可以發現各種在地化的產官學合作模式。尤其是當全球化的自由主義帶來貧富差距擴大，年輕人失業率逐漸攀升的時代背景中，這些偏鄉地區在返鄉青年、當地企業家、外來經營者、學術機關、市民團體、建築專業者等許多不同角色的參與下，積極活用當地的資源，並適度地導入外來的資金與人才，將原本處於劣勢的各種偏鄉條件，巧妙地轉化為地區的特色，在生活環境、產業發展與觀光旅遊等方面取得平衡，並透過在地化事業或合作社組織，建立地區循環型的經濟模式，進而慢慢形成新的生活形態，吸引更多的人們移居和定居，達到地方創生的目標。

敝人於二〇一二年發起主持的中區再生基地，也有幸成為本書的案例之一。其實，在台灣有關社區營造或都市再生方面，台北、台南等都市也有許多不錯的案例，不過或許是台中舊市區存在著大量的空屋與廢墟，從世界的角度來看，無疑是一相當特殊的現象，這個曾經繁華一時的舊市區，在不斷向外擴張的台中都市發展過程中，被多次地掏空而成為大家忽視的邊緣地區。然而這幾年來，隨著像宮原眼科這樣由民間企業投資經營的老屋活化，以及中區再生基地的學術團隊進駐整理閒置空間，帶動年輕人重新認識舊市區，並媒合青年創業、相關專業者與企業進駐舊市區，關心各種社會議題的公民團體漸漸形成，加上新任林市長的建設推動（柳川和綠川整治、綠空計畫、大車站計畫等），以及台中車站的鐵路高架化工程，在天時地利人和之下，台中舊市區總算慢慢走向復甦的道路。我想這樣的地方創生模式，與本書所介紹的歐洲其他各國的案例類似，都屬於一種結合市民參與的在地化產官學合作模式，也因此才吸引了編輯者的目光。

中區再生基地在階段性任務上，屬於大學老師帶領助理和學生走出校園，踏入社區從事社會實踐的一個據點，雖然未來有許多轉型的可能性，但在台中舊市區的都市再生過程中，藉由「願景」、「調查」、「媒合」、「行動」的步驟，將持續扮演著穿針引線的平台與創造街區價值的角色。特別是當台灣在經過二十世紀資本主義的大量生產、大量消費、大量廢棄的過程後，我們的生活環境在建設性的破壞下早已滿目瘡痍，而進入二十一世紀經濟成長遲緩與高齡少子化的時代，各地出現大量的空間棄置與社會剩餘，我們面對的將不再是一個建設的年代，而是一個如何去使用的時代，如何去調整、修補、活用過去所創造出的各種社會積累，進而提升改善我們的生活環境，這是台灣整個國家下個階段勢必面臨的重大課題。

人類因為夢想而成長，城市因為夢想而再生！從台中的舊市區出發，讓我們一起看到世界各地的地方創生！

東海大學建築系助理教授、中區再生基地發起人　蘇睿弼

二〇一八三月十二日　於大肚山

目錄

第2章

義大利的村莊與聚落：分散型旅館是廢村危機的救世主　中橋惠

各章節內文的〔中括弧〕標示，請參見本書末尾〈注釋．參考文獻〉一節

前言

二〇一六年，英國決定脫歐、美國的川普當選總統，震驚全球的事態接連發生，而這些結果全都顛覆了先前的預測。然而法國的人口史學者艾曼紐・陶德(Emmanuel Todd)早已事先預言了這兩件事情，並且也判斷這是經濟過度全球化的必然結果。而他也認為，提倡脫歐的民粹主義政黨，在二〇一七年於法國與德國舉行的大選中，將有很高的機率可以獲勝。換句話說，歐洲長期以來的整合體系，將面臨終結的危機。

事態之所以會如此發展的理由非常明確，我們從統計資料中也能輕易看出，以歐盟為代表的全球化經濟，帶來財富集中的結果，原本占人口多數的中產階級逐漸消失。然而，全球化雖然能讓富裕階級的財富累積不斷擴大，但其人數卻愈來愈少，最後這些富人在採取多數決的民主主義體系中將不再擁有力量。陶德認為，無論哪個國家，全球化都不是多數國民樂見的現象，因此建議政府應該採取更重視區域發展的在地化政策。

我們該如何面對這樣的事態呢？其實我們從二〇一五年就開始企畫本書，而且早在大約十年前，也就是二〇〇五年的時候，就在當時任職的鹿兒島大學展開地方創生的共同研究，並將研究發表於二〇〇七年出版的《地域營造的新潮流：慢活城市／田園生活／社區網絡》（地域づくりの新潮流：スローシティ／アグリツーリズモ／ネットワーク，彰國社，暫譯）這本著作中。我們以擁有許多離島的鹿兒島做為田野調查的場域，長年研究該地區的諸多問題。此外我們也費時兩年在擁有類似問題的各國諸地域進行調查，希望從當地的地方創生手法中取得線索。本書也出版了韓文版，在韓國當地被當成教科書使用，松永也曾受邀到當地大學進行演講。

接著過了十年。我們於這段期間，持續在日本國內各處從事有關地方創生的實踐活動，但對於世界產生劇烈變化的預感再度變得強烈，於是決定出版前書的續篇，邀請住在世界各地，擁有豐富經驗與知識的人才提供協助，委託他們撰稿，或是請他們談談地方創生的先進案例。因為我們認為這些人才，能夠生動地傳達各個地區的新鮮資訊。各章撰稿者的表現方式或許有若干差異，但最後如何在展現出個人特色的同時確保整體的大致統一，就是編輯的責任。

此外，本書書名中的「邊陲」[1]是概念上的用語，不一定符合地理學上的定義。都市當中也有「邊陲」。尋找在「邊陲」中的最尖端，就是本書的主旨。本書也比照前作，試圖成為尖端邊陲的巡禮指南。希望各位讀者先進能夠帶著本書前往邊陲地區，延續在邊陲尋找最尖端的旅程。

二〇一七年三月
松永安光・德田光弘

1 本書原名《世界の地方創生：辺境のスタートアップたち》，可直譯為「世界的地方創生：邊陲的創業家們」。

序章

新創企業在邊陲誕生

松永安光

1 從邊陲誕生的新時代

「邊陲」是「中央」的相對概念，如果國家的首都是中央，遠離中央的地方就是邊陲。中世紀的歐洲基於國境邊界的防衛意識，在邊境地域配置稱為「邊境伯爵」（Margrave）的貴族，並賜予他廣大的領地。邊境伯爵的地位僅次於國王，有時可能會因為覬覦王位而造反，因此也是危險的存在。不只歐洲，中國也曾有過無數因為邊陲地區發生叛亂，而導致朝代更迭的案例。

從文化人類學的觀點提倡文明論的學者山口昌男主張，新的文明必定誕生於邊陲，並以文化的中心性與邊陲性為基本概念展開論述。不僅如此，他也提出關注邊陲領域的重要性〔1〕。

另一方面，調查範圍遍布日本邊境，留下浩瀚著作的民俗學者宮本常一，在《走過邊境的人》（辺境を歩いた人々，暫譯）〔2〕這本書中，介紹了曾前往邊境勘查的前人業績，勘查範圍從日本列島的北端到過去曾是殖民地的台灣，時間跨度也從江戶時期一直到明治初期。雖然以下涉及我個人的事情，我非常仰慕宮本老師，曾前往老師任教的武藏野美術大學，請他指點我一些走訪地域的要訣。宮本老師表示，他看待地域的方式承襲自父親，父親告訴他，無論去到哪裡，首先都必須登上最高處，從在那裡俯瞰地域的全貌開始。因為如此一來，就能根據地域的地形與結構，完整掌握地域的產業、資源甚至是居民的貧富差距。

無須多言，一般認為的民俗學鼻祖是柳田國男，但他的觀點與其說是觀察個別事象，還不如說更接近一般論，因此他的立場與腳踏實地的宮本老師截然不同。再者，宮本老師的民俗學，繼承他的贊助者澀澤敬三的理念，隨時都以能夠付諸實用的發現為目標，這點也與態度超然的柳田不同。我本身覺得宮本老師講求現實感的手法較親切，因此包含在鹿兒島大學任教期間至今出版的著作，都承襲了宮本老師的手法。

本書提到的邊陲，大致指的是遠離各國中心的國境地帶，但另一方面，國家本身就遠離大陸的愛爾蘭、島國台灣、靠近北極的芬蘭、位於歐亞大陸最西邊的葡萄牙等，也被我們定位為邊陲。阿爾卑斯地方就歷史脈絡來看，國境畫分錯綜複雜，很難就國別進行論述，因此也視為邊陲地帶之一。義大利則因為歷史脈絡的關係，市鎮（comune）這種自治體系遍布全國，每個市鎮都有各自的文化，因此邊陲無關國界分散於各地。除此之外，在西班牙當中擁有獨特文化的庇里牛斯南部地區、在大英國協中擁有獨立運作機制的蘇格蘭等地區，也屬於邊陲的範疇。台灣的首都雖然位於北端的台北，但連結台北與南端大都市高雄的高鐵行經許多分散的都市，各個都市都有別具特色的發展。而且若觀察台灣與位於歐亞大陸的大國中國之間的關係，這個島國本身也可視為邊陲。

由此可知邊陲的定義相當曖昧，但我們選定的、實際勘查的地域都充分活用其邊陲的特性，因此想必能為日本國內相似地域的地方創生帶來重要的線索。

2 新創企業從邊陲地區開始

邊陲的地域創生，首先必須要有在當地站出來的居民，或是移居當地，在那裡創業的移居者。先進國家的邊陲，幾乎沒有開拓荒地，建設牧場或農場的餘地，因此必須活用既有資源，運用新的技術與方法論展開新事業。矽谷就是這類邊陲的象徵。位於舊金山近郊的矽谷，原本是廣大的農地，但這裡有弗雷德·特曼教授領軍的史丹佛大學。美國在第二次世界大戰之後的冷戰時期，急速發展軍事科技研究，特曼教授便是其中心人物。他所率領的史丹佛大學，培養出以惠普為首的創投企業經營者。除此之外，這裡也聚集了想從這些公司進一步創業的年輕人，以及支持他們理念的投資者。這樣的團體，最後被稱為「新創企業」，成為這些創業者的代稱。這個區域的開發最後擴及散在附近的聖荷西與帕羅奧圖等小鎮，這一帶於是被稱為「矽谷」。矽谷的「矽」來自半導體不可或缺的元素，「谷」則源自於原本的地名聖塔克拉拉谷。

矽谷這種匯聚產官學的尖端技術開發地域的概念，不久之後就擴及全球。北京的南關村、台灣的新竹市、印度的班加羅爾、蘇格蘭的歐洲矽谷等等，基於類似概念開發的地區不勝枚舉。換句話說，由於經濟的中心從過去的重工業轉移到不需要投入龐大資本的軟體開發產業，企業的選址範圍也隨之大幅延伸。當然，優秀的人才是最大的資源，因此新創企業也會誕生在風光明媚、環境良好、能讓他們感受到魅力的地區，譬如阿爾卑斯地方。邊陲地區似乎擁有吸引新創企業的魅力。位於歐洲邊陲的愛爾蘭，在過去被視為歐盟最貧困的國家，但隨著新創企業如雨後春筍般誕生，如今愛爾蘭的人均收入在歐盟內已經達到僅次於盧森堡的頂尖水準。

新創企業能為當地創造各種利益，除了員工移居帶來的人口增加之外，相關產業的工作機會顯著增加的例子也很多。除此之外，原本因為沒有工作機會而不得不離鄉背井的年輕人也能留在當地，繼承該地區的傳統活動，進而創造出觀光資源。換句話說新創企業也能為當地帶來正向循環。

3 誕生於邊陲的觀光新潮流

儘管邊陲地區擁有吸引新創企業的魅力，基本上發揮其魅力的還是觀光資源。聯合國世界觀光組織（UNWTO）預測，觀光客的人數今後將以每年四到五％的速率成長，到了二〇三〇年，全球的觀光客人數將達到三十億人。但這些遽增的觀光客中，許多人已經造訪過大量的觀光區，他們的需求已經從單純造訪名勝古蹟，轉向更高次元的事物。除了醫療或療養之外，這些觀光客對於運動體驗、短期講座等學習旅遊的需求也逐漸提高。語言、料理、音樂、戲劇、藝術等無數領域的工作坊或密集研習等也被視為觀光對象。這些學習產業，今後必須重新被視為地方創生的有力手段。駐村藝術家就是一個例子。各地邀請藝術家到當地居住，而藝術家則在停留期間製作作品。這樣的制度在日本各地也開始廣泛普及。

飲食則是最近特別受到矚目的學習領域。我們為了撰寫先前的著作《地域營造的新潮流》而進行調查時，曾前往位於義大利皮埃蒙特（Piemonte）的一座名為布拉（Bra）的小鎮，拜訪慢食協會的總部，並且參觀了該協會在二〇〇四年成立的美食科技大學（University of Gastronomic Science，又稱慢食大學）。該協會以此為據點，將慢食的精神推廣到全世界。其創辦者卡羅．佩屈尼（Carlo Petrini）憂心席捲世界的全球企業所供給的速食，將帶給下一代不良影響，於是組織與之對抗的運動，為推廣尊重各地區固有飲食文化的慢食精神而培養人才。

另一方面，西班牙巴斯克地區的聖賽巴斯汀以美食而聞名，當地的蒙德拉貢大學（Mondragon University）成立了巴斯克廚藝中心（Basque Culinary Center），請來傳奇性的三星主廚費朗．亞德里亞（Ferran Adrià）擔任中心主任，並建立由胡安．馬里．阿札克（Juan Mari Arzak）與恩內克．艾夏（Eneko Atxa）等三星主廚組成的講師陣容。像這種關於飲食的專業領域稱為「美食學」（gastronomy），現在已經成為世界矚目的對象。該中心於二〇一七年三月，舉行由日本的農林水產省企畫的「日本飲食與飲食文化講座」，據說吸引了眾多學生參加。根據文化廳出身的影像製作者石井佳帆里女士的報告，這個現象證明了西班牙的和食熱潮。

美食學的研究對邊陲地區而言特別重要。現在世界各國的美食節目，都能保持極高的收視率。因為這些節目前往世界各地採訪，滿足觀眾對於未曾體驗過的美食的渴望。而且現在就連一般大眾的飲食基本素養也透過媒體急速提升，這個現象對飲食產業也帶來極大的影響。前面提到的經濟急速成長國家愛爾蘭，曾是與美食無緣的國度，十九世紀時因為大饑荒而產生許多餓死者，甚至接連有人因此移民外國，但現在該國的飲食已經提升到世界最高水準。這是因為人氣料理主播達麗娜・艾倫（Darina Allen）將「摩登愛爾蘭」這種賦予傳統料理新生命的料理法普及到全國，使名店陸續在各地出現。除此之外，過去以全球食物最難吃的國家而聞名的英國，也產生了劇烈的變化。不要說我們造訪的倫敦了，就連蘇格蘭首府愛丁堡與格拉斯哥都掀起了飲食的大革命。

美食學對今後的地方創生而言，將是吸引海外觀光客不可或缺的要素。因為飲食是觀光最大的動力，美食學研究不僅有助於充實居民與其家人本身的飲食，也能將這份喜悅分享給來訪者。

4 活用邊陲的森林資源

二〇一六年十一月舉行了第二十二屆聯合國氣候變化綱要公約締約國大會（COP22），在這場大會之後，幾乎所有先進國家都取得共識的公約所帶來的影響，如實地表現在森林資源上。締結公約的世界各國都有義務削減影響全球暖化的物質，使得森林的重要性極度增加。各國政府對於活用森林資源的木造建築與生質能源等，都採取許多獎勵措施。

全球森林資源存在的地區多為邊陲，因此推動森林資源的利用與活用，可望對地方創生帶來極大貢獻。日本就是其典型案例。日本的國土約七十%為森林所覆蓋，森林生長所不可欠缺的降雨也極為豐沛。但日本的森林多數位在難以抵達的山區，將木材運出的成本過高，導致國內市場的七十%都由來自各國的進口木材所占據。

木材市場與其他國際商品一樣經常變動，如果不擬好一定的戰略極難打入。即使是美國或德國等先進國家，也將森林當成有利的投資對象；而另一方面，瑞士有大規模木材貿易公司破產，由此可知木材市場也存在著各種障礙。但本書的調查對象是邊陲，這裡的林業多半屬於地域經濟循環的工具，以小範圍地域的地產地消為目標，因此運作的範圍與上述的全球經濟沒有太大的關係。

日本的林野廳[1]積極推廣使用稱為CLT的交錯層積木材，做為增加木材消費量的推廣策略，但CLT需要相當的設備投資，成本核算相當困難。我本身主要參與岩手縣的地產地消木造公共建築計畫，在鹿兒島大學時也曾打造一百二十戶的木造環境共生社區。這些計畫基本上都以不需要過多的設備投資、當地建設公司就能執行工程的木造建築為目標，而計畫同時也取得東京大學農學院的稻山正弘教授協助。除此之外，我最近也參與了林野廳推動的，以中高層建築為對象的木材使用研究會的策畫活動。

東京大學的松村秀一教授，是我擔任理事長的民間智庫「一般社團法人HEAD研究會」的代表理事，他每個月在這個團體的分科會召開有關森林與木材的研究會，許多相關人員在會議中展開熱烈的討論。本書也提及阿爾卑斯地方與芬蘭的森林資源活用，而我們編著團隊也從二〇一五年就開始針對日本國內的森林資源活用展開調查。關於這點請參照日本建築學會的線上期刊〔3〕。

5 在邊陲看見的文化多樣性

本書的調查以各國的邊陲、或是位於邊陲的國家本身為對象進行。其中特別顯著的特徵就是，無論在哪個國家還是地域，使用的語言都不單只有一種，極端的情況甚至像瑞士一樣，一個國家使用四種不同的語言，而且僅一谷之隔，使用的語言就有可能變得截然不同。在這些國家或地域中，這種情況再自然不過。像這種異文化的共存，在地域之間發生動亂時將引發極端危險的事態，但居民平常卻

1 林野廳：隸屬於日本農林水產省（相當於台灣的農委會）的單位，負責森林保全、林業發展、林業從業人員福祉等事務。

不會意識到這點，維持著平穩的生活。以奧地利阿爾卑斯（Alpen）地方為例，說著瑞士羅曼什語的人在很久以前移居此地形成村落，但現在的官方語言已經變成奧地利共通的德語。不過希特勒出生於奧地利，第二次世界大戰後，這裡成為英美法俄四國的占領區，四國原本想要驅逐過去的納粹黨員，但由於納粹黨員占了國民的四分之一以上，因此驅逐是不可能的。二〇一六年的總統大選反映了這樣的歷史，右翼勢力在這場選舉中原本幾乎篤定取勝。結果雖然以些微的差距阻止了這樣的事態，但如果想在右翼勢力存續的狀況當中維持平穩的生活，就必須追求有意識的行動。

類似這樣的狀態隨處可見，這次在西班牙的調查對象是庇里牛斯南麓地方，這裡說著自己獨特的語言，獨立運動至今依然盛行。除此之外，以天主教朝聖地而聞名的聖地牙哥康波斯特拉（Santiago de Compostela）所在的西北部加利西亞地區（Galicia），所說的語言也是接近葡萄牙語的加利西亞語。

愛爾蘭是天主教國家，為了從英國國教會支配的英國獨立，長年持續抗爭，終於在一九四九年達成宿願，然而北部的阿爾斯特地方（Ulster）依然是英國的一部分，天主教徒與國教會信眾之間的爭端持續不斷。語言方面與蘇格蘭同樣使用蓋爾語，在各種公共標示上都能看到。

蘇格蘭經歷了與英格蘭之間的長年戰爭，最後兩邊的議會在一七〇七年聯合組成大不列顛，但要求獨立的輿論依然不斷升高。二〇一四年舉行了公投，結果蘇格蘭依然決定留在大英國協。然而英國本身卻在二〇一六年的公投中決定脫歐，使得希望留在歐盟的蘇格蘭政府加深了獨立的意向。蘇格蘭使用的語言是蓋爾語，相傳他們與愛爾蘭都是歐洲史前民族塞爾特人的子孫，但真相依然不明。不過蘇格蘭人與據信是塞爾特人後裔的巴斯克地區居民擁有許多共通點，譬如演奏音樂時使用的樂器，因此圍繞著比斯開灣[2]的地域彼此之間有著強烈的親近感。

芬蘭長年都處在鄰國瑞典與俄羅斯的統治之下，直到第一次世界大戰才終於獨立，但第二次世界大戰時卻因為害怕俄羅斯的侵略而追隨納粹德國，最後不僅失去東部地區，同時還得痛苦地支付高額賠償金。不過從赫爾辛基朝西通往瑞典國境方向的道路，可以看到同時使用芬蘭語及瑞典語的道路標示，讓人實際感受到兩國超越恩仇的緊密連結。

至於本書唯一提及的亞洲國家台灣，因為其複雜的歷史背景，使得與原住民之間的關係，以及與中國大陸之間的關係，都帶給國內政治極大的影響。詳情留待第八章再詳述。

邊陲就像這樣潛藏著古老時代的文明，若將其挖掘出來就能有新的發現，因此成為許多研究者的目標。我們的研究只在剛起步的階段，未來也考慮繼續展開進一步的研究。

2 比斯開灣（Bay of Biscay）：北大西洋的海灣之一，海岸線由法國南部的布列塔尼延伸至西班牙的加利西亞。

6 從全球化到在地化

二〇一六年在後世的記憶中，應該會被視為極為重大的歷史轉換期吧。英國在六月底舉行的脫歐公投，脫歐派顛覆事前的預測獲得勝利，導致首相卡麥隆被迫辭職。因為卡麥隆深信可以得到留歐的結果，才策畫這場公投。如此一來，歐洲各國的脫歐勢力取得輿論的助力，恐怕將急速增強連鎖脫歐的趨勢。接著在十二月，義大利首相倫齊提出充滿野心的議會制度改革並策畫公投，結果由主張脫歐，且勢力急速擴大的民粹主義政黨「五星運動」等組成的聯盟獲勝。奧地利也在同一時期舉行總統大選，差一點就選出極右政黨的黨魁。二〇一七年法國與德國同樣將舉行選舉，在這樣的趨勢下，歐盟甚至可能發生解體的危機。

另一方面，二〇一六年十一月的美國總統大選結果，也顛覆了主流的預測，由不斷發表異常粗暴言論的候選人川普當選，而川普也明確表示將展開保護主義政策。他甚至主張要在美墨邊界建設巨大的圍牆將兩國隔開。過去因為整合而獲得龐大利益的各國，因為利益分配的問題而分裂，最後整合的體制本身也將面臨瓦解的危機。

各國國民這種出乎意料的反應，源自於許多國家的貧富差距早已極端擴大，國民累積的不滿幾乎超過容許範圍。透過全球經濟活動取得龐大利益的企業經營者及股東階級，與無法採取類似行動，因高成本而難以取得利益的在地階級之間，貧富差距必然將持續擴大，年輕人的失業率也將逐漸攀升。許多專家指出，這個問題追根究柢是資本主義本質上的缺陷，已經超出個人力量可以掌控的程度。

如果不希望世上的經濟活動受貪婪的資本主義支配，其他的替代方案之中，在歐洲尤其普及的就是合作社的制度。我們在先前的著作《地域營造的新潮流》中指出，義大利存在著約七萬個合作社，約有六十萬名從業人員就業。即便如此，義大利的產業生產力，依然因為產業結構的改變而大幅減少，許多年輕人因為找不到工作而不得不留在家鄉與朋友一起創業，企業經營者也被迫轉業經營本書中介紹的「分散型旅館」這種邊陲住宿系統。這樣的趨勢不同於過去的全球化資本主義，可說是在地化事業的復興運動。

另一方面，合作社在西班牙也很盛行，其中最有名的是，阿里茲曼地神父（José María Arizmendiarrieta）在一九四三年於巴斯克地方的蒙德拉貢成立的合作社。這個合作社原本是讓年輕人學習技術的學校，後來由這裡的居民發展成事業，最後甚至成為西班牙國內最大的合作社集團。一九九七年這個合作社為了培養創業家，成立了擁有三個學系的蒙德拉貢綜合大學。儘管這個合作社在金融海嘯中遭受嚴重打擊，但最後還是從打擊中恢復。蒙德拉貢大學也在二〇一一年於聖塞巴斯汀設立了前面提及的廚藝中心。

還有另一個例子。位於南安達魯西亞的馬里納雷達村（Marinaleda）是一座人口二千七百人的村莊。

一九七五年獨裁者佛朗哥去世之後，共產黨員桑切斯（Juan Manuel Sánchez Gordillo）非法占據土地，與居民透過合作社經營密集型農業，產生極大的利益。土地最後當然合法化，居民也自食其力建造自己的住宅，過著富足的生活。NHK也將這座小鎮的案例製作成節目，在二〇一六年的秋天播放。

前面提到的包含合作社在內的社會型經濟，因成為取代資本主義的制度而受到矚目，但在更主要的國家法國，或是拉丁美洲各國，也誕生了團結經濟（solidarity economy）系統。關於這些內容，可參考聯合國教科文組織旗下的國際社會學會期刊。

本書收集的儘管是小規模案例，但目標幾乎都是透過在地事業，建立地域循環型的地域內經濟。希望這些案例在日本也能成為重要的參考。

1

阿爾卑斯地方：聚集新創企業的木造建築最前線

松永安光

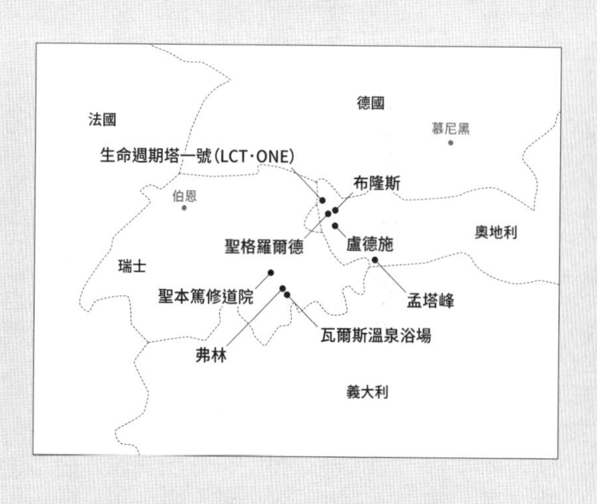

1 阿爾卑斯地方的概觀

歐洲的阿爾卑斯是橫跨大陸東西方向的山脈，西始法國，東至奧地利東部的維也納周邊，與之相聯的國家包括法國、瑞士、義大利、德國、奧地利、斯洛維尼亞。南北方向存在著許多埡口，人們從遠古時代即透過這些埡口往來。許多河川自山脈流下，形成多處山谷。山麓有森林以及採伐森林而開闢的廣闊草原，人們在此經營林業與畜牧業。由於這片地域缺乏農地，財富無法累積，因此這裡的居民長時間過著拮据貧困的生活，歷史上還曾有過必須擔任外國傭兵的悲慘時期，但自從建設道路、鋪設鐵道之後，觀光產業開始發展，精密機械與食品等生產製造發揮特色，金融及保險產業也逐漸帶來高額的利潤。尤其瑞士並未受第二次世界大戰影響，不像周邊各國那樣飽受戰禍所苦，因此發展成非常富裕的過家。

現在歐洲阿爾卑斯地方的各主要都市，透過高速道路、高速鐵路、空路等形成網絡，即使從倫敦出發，也只要兩個小時左右即可抵達這個地區。交通大幅改善的狀況下，近年來也有非常多的企業來此設置研究開發據點。而且不只是開發最尖端事業的新創企業，知名企業進駐此地的狀況也引人矚目。運動飲料企業紅牛（Red Bull）就是一例。紅牛將總公司設在薩爾茲堡郊外的小鎮，從這裡將販售通路拓展到全世界。我們特別前往堪稱奧地利西側邊陲的弗阿貝格邦（Vorarlberg），與瑞士東南部的山村，確認當地的實際狀況。

最初介紹我們前往這個地區的是法政大學的網野禎昭教授。網野教授畢業於早稻田大學，之後進入東大的松村秀一研究室取得碩士學位，接著在日本國內累積建築實務經驗後，赴瑞士的洛桑聯邦理工學院進修，師事那特拉教授（Julius Natterer），並在該校取得博士學位。畢業後曾任維也納科技大學的副教授，現在就任法政大學教授，是日本研究木造建築的第一人。我主導的一般社團法人HEAD研究會曾邀請網野教授演講。教授在演講中提到的眾多案例中，瑞士及奧地利的阿爾卑斯山地區，似乎能為我國日本的山間地區帶來最多的啟發。原本想請網野教授執筆，但讓教授屈就合著者實在過於惶恐，最後還是只麻煩他協助編輯。

2　聖格羅爾德與布隆斯：建造於生物圈保留區的前衛木造村辦事處

奧地利西部弗阿貝格邦的格瑟斯・瓦爾沙塔（Grosses-Walsertal）溪谷沿岸地區，在二〇〇〇年被聯合國教科文組織指定為生物圈保護區（eco park），並在二〇〇九年以「歐盟最優秀的永續觀光區」獲頒EDEN獎。日本被指定為生物圈保護區的地域則有志賀高原、白山、大台原、屋久島、綾町、只見、南阿爾卑斯等地。

聖格羅爾德(Sankt Gerold)在西元九五〇年左右，於格瑟斯．瓦爾沙塔建造修道院，其周圍有十三世紀自瑞士移居此地的居民所創建的六個村落。他們的子孫長久以來維護這片溪谷的森林與農地，守護優美的景觀，持續小規模的酪農業，因此獲得好評。牧場每一平方公尺就有超過八十種的牧草、香草、野草等多樣化的植物茂密生長，以這些牧草飼育的家畜擠出的奶水保留其滋味與香氣，起司與奶油等乳製品的風味也反應出其多樣性。在這一帶被指定為生物圈保留區後，造訪此地觀光客人數急速增加，第一個年度光是住宿客就有十七萬人來訪。當地也有女性開設名為「山與植物」的店家，製造花草茶並進行販售，同時也提供製作自己飲用的花草茶DIY體驗行程。此外，各種香草的生產者也組成合作社，將香草當成化妝品與藥劑的原料販賣。另一方面，為了容納人數增加的住宿旅客，修道院提供了六十人份的房間，在這裡舉行從藥草療法到坐禪體驗等各種活動。此外，為了讓旅客更重視人與人的對話及交流，房間裡不放電視。這裡也飼養馬匹，做為騎馬與特殊療法之用。

這片溪谷的中心是聖格羅爾德的村公所。由於這座村落的人口只有三百七十人，預算有限，因

指定為生物圈保護區的格瑟斯．瓦爾沙塔溪谷

此公所改建時為盡可能有效活用有限的預算，仔細調查了對村民而言不可或缺的機能，並進行徹底的討論，才將所有的需求納入這個空間機能極為緊湊的箱型建築中。首先這座建築基於徹底減少能源消耗的考量，外觀設計成單純的箱型，省略傳統的斜屋頂、凸窗、屋簷。因為這個緣故，外牆使用當地木材鋪設，並且無塗裝，由於受到季風影響，雖然面向西南的部分有些變色，但由於使用的是成長緩慢、年輪間隔較小、油脂成分最多的高級歐洲雲杉，即使變色也不損及牢固程度。這個設計手法在弗阿貝格邦普及開來，對比於有著斜屋頂的傳統家屋櫛比鱗次的其他地區，打造出別具一格的景觀。

建築物由可可洛維茲·納哈巴瓦建築師事務所（Cukrowicz Nachbaur Architekten）設計，於二〇〇八年完工。這座建造在坡地上的建築物由四層樓組成，能夠從正面廣場進入的上方兩層樓設有辦公室、多功能室、便利商店等，面對下方運動場的兩層樓則設有幼稚園與托兒所，前者能夠容納這個人口約三千人地區的幼童，後者則建造給村民的孩子們使用。公所的職員包含村長在內全部都採兼職形式，因此便利商店只在上午營業。多功能室可以提供召開村議會的九名議員使用。在構造方面，為了充填厚厚

建造在坡地上的聖格羅爾德村公所

的隔熱材，而採用原木的軸組工法[1]，室內的加工也徹底使用木材，內裝施工極為精緻。此外門窗使用三層玻璃，外牆與屋頂使用厚的隔熱材，並透過熱泵[2]運用地熱，換氣裝置也安裝熱回收系統，幾乎達到零能耗。

這座經由村民徹底討論，在有限預算中建造出來的美麗村公所，即使放眼全世界，也擁有最尖端的機能。實現這座建築的前村長布魯諾．茲曼（Bruno Summer），是一位英語極為流暢的人，本身也經營旅館。導覽費用為八十歐元。

鄰村的布隆斯（Blons）雖然人口略少，但也建造了類似規模的木造村公所。這裡在一九五四年一月曾經歷大雪崩，當時三六五名村民當中，有七十九名犧牲。那次大雪崩中總共發生了兩次崩落，有些逃過第一次雪崩的村民，也為了救助罹難者而在第二次雪崩中遇難，最後九十戶家屋中共有二十九戶傾倒，這個悲劇後來也拍成了電影。建築師布魯諾．斯帕格拉（Bruno Spagolla）設計的村公所，於二〇〇五年在這齣悲劇的現場全新落成，也兼做雪崩紀念館之用。除此之外，這座村公所還兼具許多功能，包括每週開放一次的圖書館、小學與IT企業進駐的租賃空間，以及面對廣場的咖啡店等。為

聖格羅爾德村公所。內裝徹底運用當地產木材

我們導覽的圖書館長是一名女性，她曾赴格拉茲[3]的大學就讀，學成之後返鄉服務。她說村裡的孩子升上中學之後，也得靠著校車接送集體上下學，高中以上就得到格拉茲等有宿舍的地方寄宿學習。在小學服務的老師有五名，不過課程上午就結束，挑高夾層中設有放置電腦的工作室，展現出愉快的氣氛。小學老師也很有禮貌地接待我們。一連串的導覽使用流暢的英語進行，費用為七十歐元。

生長在這片擁有悠久歷史的土地上的人，克服各種悲劇與苦難，堅強地生活下去。他們的智慧與勇氣，帶給我們相當大的感動。他們在繼承悠久傳統的同時，也柔軟地應付新時代的變化，實現了最前衛的木造村公所，吸引絡繹不絕的參觀者從世界各處前來此地。

1　軸組工法：木建築的一種建築工法，以柱和梁構成建築骨架。
2　熱泵（heat bump）：能將能量由低溫處傳至高溫處而發熱的加熱裝置。
3　格拉茲（Graz）：奧地利的第二大城，位於阿爾卑斯山南麓。

布隆斯村公所。兼做知名的雪崩悲劇展示館，也設有咖啡店

3 多恩比恩與孟塔峰：當地企業建造的木造前衛建築

位於奧地利西部弗阿貝格邦的多恩比恩（Dornbirn），是一座人口約四萬五千人的小都市，從首都維也納搭乘鐵路前來約需七小時，開車行經德國的高速公路約需六小時，但從瑞士的蘇黎世經高速公路前來只需一個半小時，距離德國的慕尼黑也只有兩小時的車程。這裡由於位處奧地利的邊陲，過去在奧地利國內屬於被蔑視的地區，但近年來隨著高速公路網的完備與國境管理的自由化，反而因其位在包含列支敦士登在內的四國要衝的絕妙位置，開始急速發展。最近在工業園區內落成的LCT・ONE這座八層樓的木造辦公大樓，就可說是其急速發展的象徵。這個地方的主要產業曾是紡織業，因此這座工業園區過去建造的建築也以紡織工廠為主，但一九八〇年代之後因業態急速改變，開始有各種新創企業進駐。其中知名的音響器材品牌B&O也來到此地，由此可以窺見其急速發展的狀況。

統稱「8+」的研究團隊，於二〇〇七年在聯邦政府的資助下，在奧地利著手展開八層樓以上木造辦公大樓的研究，目前已經驗證了最高可達到二十層樓左右。網野教授任職於維也納科技大學時，也以建築方法計畫負責人的身分參與這項研究。LCT・ONE就是「8+」研究成果的實踐。這棟建築的設計者赫曼・卡夫曼（Hermann Kaufmann）同時也是慕尼黑工業大學的教授。根據網野教授的介紹，卡夫曼家是這個地區的望族，整個家族都從事木材相關產業，包括製材工廠、木工工程、家具製造、建築設計、結構工程等等。家族中知名的木造建築家輩出，除了赫曼之外，還有約翰尼斯（Johannes Kaufmann）、李奧波德（Leopold Kaufmann）、奧斯卡・李奧（Oskar Leo Kaufmann）等人。

LCT・ONE就是生命週期塔（Life Cycle Tower）一號的簡稱，之所以會取這個名稱，是因為建設這座大樓的當地開發商克利公司（Cree GmbH），將其定位在包含森林在內的能源循環系統的中心位置。這座建築的外裝受延燒防治法的規範而覆蓋金屬板，實際上除了安裝電梯的鋼筋混凝土製核心部分，以及為了符合防火區畫，而與木造樑一體化的混凝土地板之外，其他部分全部是木造。幾乎所有的建築構件都在工廠製作，最後再搬運到工地現場，以一層一天的短期工程組裝完成。

網野教授幫我們預約的克利公司公關負責人是一名女性，她的說明極為簡單扼要。一樓是接待室，樓上則是構造、設備、內裝等的展示室，參訪者可在那裡聽取完善的簡報。我們最後再看幾部上傳在Youtube的建設過程影片，以極有效率的流程了解關於這棟劃時代建築的所有一切。負責人也帶領我

LCT・ONE。工業園區內的木造八層樓辦公大樓

們參觀七樓的辦公室，空間非常簡潔，能讓人體驗全面木造的舒適感。

附帶一提，克利公司在這棟建築竣工的一年後，就在孟塔峰滑雪度假村附近的水庫旁，為供給這片地域電力的伊爾維格（Illwerke）地區水力發電公司，著手規畫建設總公司的研究所IZM。IZM是伊爾維格孟塔峰中心（Illwerke Zentrum Montafon）的簡稱。這棟建築同樣由赫曼・卡夫曼負責設計，採用與LCT・ONE相同的建築手法，是一座樓板面積一萬平方公尺，五層樓高，長一二〇公尺的木造建築。由於位處防火地域之外，因此木造部分可以外露，看起來就像浮在水面上的大船，外型十分迷人。除此之外，建築物的四個立面為了防止外牆因日照而產生的木頭劣化，所以設有屋簷以發揮調整日照的作用。

卡夫曼教授設計的兩棟建築物都是優秀的木造建築，來自世界各地的參觀者絡繹不絕，他現在正著手設計加拿大溫哥華的十八層樓木造大學宿舍，日本的雜誌與電視節目也都有報導。LCT・ONE的大廳展示出卡夫曼教授構思的二十層木造大樓模型，加拿大的案子正可說是實現了他的夢想。卡夫曼

與木造樑一體化的預鑄混凝土地板。結構核採用鋼筋混凝土製，柱子與間壁則採用木造。

LCT · ONE二樓簡報室的二十層木造大樓的模型。十八層的木造建築已經在加拿大實現

IZM是突出於水壩湖上的當地電力公司研究設施。構造與LCT · ONE相同

教授的事務所位於多恩比恩的鄰鎮，像他這種出身於過去被視為國家邊疆地域的人材，現在也能跨越國境活躍於國際。看到他大顯身手的樣子，不禁讓我覺得居住在日本所謂邊陲地區的人材，依然擁有展翅高飛的極大可能性。

4 盧德施：吸引企業與人才的木造環境共生鎮公所

我想大家都曾聽說過，世界上的邊陲地區因為人口減少而面臨消滅的危機。人口往都市集中就某種意義而言，被視為現代文明帶給整體人類社會的普遍現象，所謂「極限聚落」[4]的產生已經無可避免。但網野教授卻指出，奧地利西部不是正有一座小鎮與這樣的趨勢反其道而行嗎？這座小鎮的人口從二十世紀初就開始持續增長。小鎮名為盧德施（Ludesch），人口三千四百人，但人口持續增加的狀況已經持續一個世紀以上。這裡設有四家大企業，一百二十五家中小企業。於是我們請網野教授幫我們約訪與他相識的前鎮長，並在拜訪多恩比恩LCT・ONE後，就朝著距離不遠的盧德施社區中心兼鎮公所前進。

前鎮長漢斯・伯施看到我們一行只有三個人稍微有點吃驚，他說一般來聽導覽的，都是搭乘觀光巴士蜂擁而至的團體，這也難怪英語導覽需要一五〇歐元（約一萬七千日圓）的導覽費。附帶一提，筆者參與企畫的岩手縣紫波町的導覽費，一人就要三千日圓，而盧德施的前鎮長最後還送我們儲存簡報投影片資料的隨身碟，可說是相當大方了。除此之外，他也具備深厚的森林知識，導覽時搭配樹木與松果的照片，詳細為我們說明年輪密集、富含油脂的德國雲杉雖然如前述一般適合外裝，但因為生長緩慢所以成本較高，至於材質柔軟的一般雲杉價格較低，適合隔間與內

4　極限聚落：日本社會學者大野晃於一九九一年創造的名詞，原文是「限界集落」。指的是因人口外流導致空洞化、高齡化，且六十五歲以上人口占半數以上，共同體的機能維持已達極限的聚落。

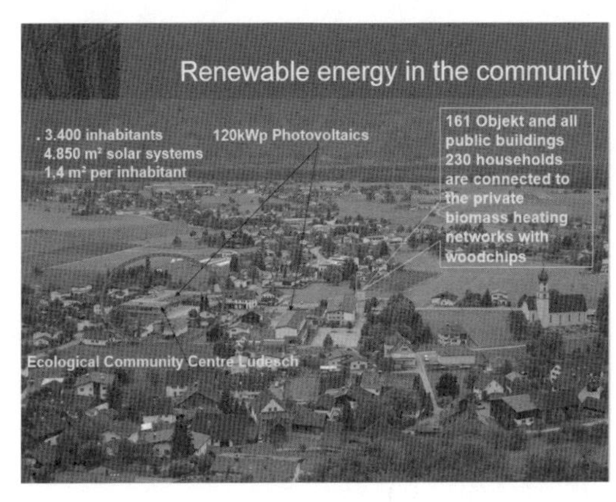

盧德施的全景。可再生能源的使用狀況說明圖（盧德施鎮的官方資料）

鎮民廣場的咖啡露台。屋頂覆蓋透明的太陽能板

裝等等。

盧德施鎮是一座在台地上延展開來的農村，就位在面對弗阿貝格地方東西走向的山谷的南邊坡面台地上。鐵路與高速公路穿越谷底往東方的維也納延伸。阿爾卑斯山聳立於山谷對面，在這裡可以欣賞如畫一般的美景。小鎮背後有森林，這裡的人使用森林產的木材，建造自古以來的木造傳統家屋。但如同前述，這座恬適農村的流入人口不斷增加，使得原本緊密的社區面臨存亡危機。於是這座小鎮於一九九五年在因斯布魯克大學（University of Innsbruck）的協助下，進行居民調查，鎮長在一九九八年根據調查結果，組織居民建立新社區中心的構想團隊。最後就連當地的建築師赫曼・卡夫曼與建設業者都加入團隊當中。這個團隊以環境共生為目標，包含建築物從建設到拆除的所有經費，都納入生命週期成本的考量。另一方面，奧地利的「聯邦交通、創新和技術部」，從當時就開始以環境共生的經濟發展為目標，推動「未來住宅」計畫。盧德施也透過申請，取得建造社區中心的補助金。

後來經過鎮議會、當地社團、教會信徒、老少居民等的長期討論，在二〇〇〇年整理出基本計

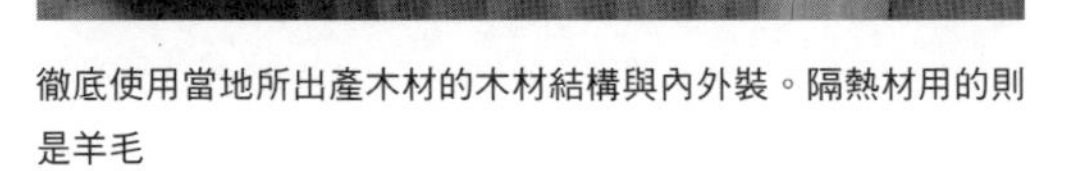

徹底使用當地所出產木材的木材結構與內外裝。隔熱材用的則是羊毛

畫，接著經歷實施設計、招標等階段，社區中心終於在二〇〇四年動工，隔年竣工。這棟建築物除了行政機能之外，還附設圖書館、多功能會議室、餐廳、食品店、麵包店、郵局、托兒所、多世代交流空間以及公寓。但其最大的特色，還是設置於中央的大廣場，因為其上方覆蓋著透明太陽能電池屋頂。廣場上擺放餐桌，下雪日子也能使用。不過最需要特別點出的是，這棟建築物使用的木材採伐自小鎮擁有的林地，無論是以深屋簷保護的外裝還是內部裝潢，基本上都採用無塗裝的原木。所有裝潢木材與黏著劑等都必須滿足環境標準，隔熱材使用的也不是發泡性隔熱板，許多部位都使用羊毛。建築物的南面安裝電動遮陽板以調整日照。暖氣部分則採用生質熱源（biomass）的區域供熱與地熱泵並行的方式，因此徹底提高熱效率的系統全年都能運作。這種減少能耗與減輕地球環境負荷的地域活性化，正是不斷吸引許多人來訪的祕訣。生命週期成本的概念在日本也擁有普遍的認知，譬如大型建築物有義務遵守CASBEE[5]等基準，這裡介紹的案例雖然屬於小型建築物，但像這樣徹底實踐生命週期成本概念的建築在全球也相當少見，這也是來自世界各地的參觀者絡繹不絕的理由。

如同前述，在這座小鎮中，可以看到其首先透過先進形象吸引企業進駐，接著員工也隨之移居此

5　CASBEE（Comprehensive Assessment System for Built Environment Efficiency）：又稱「建築整體環境效能評估系統」，是日本的綠建築認證標準。

地的理想發展過程。尤其這裡位處奧地利西部的偏僻地區，長年以來頂多只發展出林業、紡織工業與畜牧業等產業，原本是相當寂寥的地帶。但現在這裡活用其接近鄰國瑞士與德國的地利之便，最大限度利用能夠在這些國家之間往來的優點，因此雖然位處邊陲，依然實現了大幅度的發展。這樣的地域再生翻轉，實在是一個讓人感到相當爽快的案例。

5 弗林：靠著活用森林資源的地域經濟循環維持生計的國境之村

弗林（Vrin）是位於瑞士東南部，靠近義大利國境一帶的深谷村落，雖然人口只有二五〇人，卻是世界關注的焦點。這座山村原本靠著跨越國境與義大利之間的貿易而繁榮，十九世紀中曾擁有現在兩倍以上的人口，但後來卻逐漸沒落。村子裡的人多半說著瑞士國內的第四種官方語言羅曼什語（Romansh），這種語言的拼音對外國人而言發音相當困難。本地的傳統產業是畜牧業與林業，但因為繼承人逐漸減少，林牧用地曾面臨被轉換為別墅用地的危機。村民基於逐漸增強的危機感而成立合作社，買下散於村內的共有地，禁止外來人士進行土地買賣。除此之外，村子從一九八〇年代開始，為了避免受到外來經濟活動的牽連，因此與州政府的歷史保存局以及蘇黎世聯邦理工學院合作，進行村裡的基礎建設工作。這時起用的建築師是吉翁・卡明納達（Gion A. Caminada）。[1]他出生於一九五七年，從當地的木工鍛鍊起，最後成為聯邦理工學院的教授。他使用當地產的木材，以及當地稱為「Strickbau」，日本稱為「校倉造」的井幹式木造結構[6]，建造了村子的合作社事務所、屠宰場、製材所、葬儀場、多功能大廳等等。村民在保存村內歷史景觀的同時，也兼顧共同體的存續，這樣的努力使這座山村在一九九八年獲頒瑞士歷史遺產協會的華克獎（Wakker Prize）。根據二〇〇九年的統計，村子裡的人口約三成，共六十七名從事第一級產業，十九名從事第二級產業，三十名從事第三級產業。傳統的家畜屠宰雖然委託給外部，但也從外部聘雇專業師傅，將傳統製法的熟成肉與風乾肉當成特產販賣。

弗林村民對抗度假村開發

6　井幹式結構：透過木條十字交叉堆疊而組合成的建築結構。

阿爾卑斯山的深谷村落——弗林

傳統的井幹式木造結構

的壓力，在四周的人都說德語的區域，死守傳統的羅曼什語，使用自己種植、採伐的樹木，建造自己村子裡的所有建築物。他們也將自己飼養的家畜及擠出的牛奶加工販賣。村民排除來自外部的經濟干擾，在自己的領域內，建構可持續循環的經濟系統。這座小村的故事立刻傳遍全球，進入二十一世紀之後，開始有許多人來此造訪。我們雖然動作慢了點，但也在二〇一五年九月造訪此地。雖然遭遇了不應在這時出現的暴風雪而吃了一驚，但這場雪就某方面來看，也讓我回想起過去曾造訪過的長野縣南木曾町。

南木曾町過去是中山道上名為「妻籠」的驛站，江戶時代的傳統街景奇蹟似地保留至今，到了一九六〇年代這樣的景觀有了名氣，開始有許多觀光客來此造訪。最後就連觀光巴士也開進來，打亂了這裡好不容易維持的靜謐景觀。當地基於危機感成立了「妻籠宿保存財團」，並以此為基礎組成「愛護妻籠會」，町長在一九七一年根據「不賣、不租、不破壞」的守則制定「守護妻籠居民憲章」。這裡最後在一九七六年，被指定為日本第一個重要傳統建築物群保存地區。

瑞士弗林的村民為了避免外來經濟的干擾而果斷買下村有地，將許多產業用的設施共享化、經濟活動合作社化，毅然決然地為了保存與傳承村裡傳統的歷史遺產而努力。他們果敢的挑戰與過去妻籠驛站居民的決心相呼應，讓造訪的我們萬分感慨。

那麼，弗林真是如傳說一般的夢幻村落嗎？邊陲的現狀遠比傳說更現實。村裡的孩子在中學畢業之後，就必須前往設有高中的城市。事實上，建築師卡明納達自己也曾為了升學而進入蘇黎世的工業學校。此外，許多村民也會開將近一小時的車，前往有設鐵路車站的鎮上通勤。而且弗林下游的村落大肆開發度假村，一棟接著一棟蓋起來的井幹式木造住宅，乍看之下彷彿就是卡明納達的作品。網野教授表示，住在蘇黎世等都會地區的年輕人，即使懷著憧憬移居IT環境已獲得改善的山村，日後面臨子女教育等問題時，還是傾向回到都市。但儘管這裡有著全球最高的物價，所得稅卻壓得極低，因此富裕階層的外國人投資相當積極。弗林就是在阻止這樣的狀況發生。

附帶一提，鄰近弗林所在谷地的另一座山谷深處，有一座名為瓦爾斯的溫泉浴場（Therme Vals），這座浴場的內部裝潢使用當地產的石材打造，

共用的畜牧設施全都由當地出身的卡明納達設計

下游村落正在開發度假村。開發計畫應該是以新創企業為對象

吸引來自世界各地的遊客。設計這座浴場的彼德・茲姆特（Peter Zumthor）於一九四三年出生於瑞士第三大城巴賽爾（Basel），並從一九七九年開始，就在名為庫爾（Chur）的都市近郊設置工作室，庫爾同樣鄰近弗林。茲姆特依此為據點展開活動，展翅飛向世界。他的成名作聖本篤修道院也在弗林附近。然而，瓦爾斯溫泉浴場旁，發表了建造龐大度假公寓的計畫。這座原本就以生產「Valser」礦泉水而聞名的山村，想必將朝著與弗林完全相反的方向前進吧！

2

義大利的村莊與聚落：分散型旅館是廢村危機的救世主

中橋惠

1 義大利的概觀

義大利的面積約為日本的五分之四，人口則只有六千萬人，約為日本的一半。當地的所有基本自治體都定義為市鎮（comune），無論是像羅馬或米蘭那樣的大都市，還是規模等同於日本村莊的聚落，都以市鎮稱之。截至二〇一七年三月為止，義大利共有七千九百八十二座包含村、里規模在內的市鎮。

圖1　以義大利的大區別來看人口5000人以下的市鎮數分布圖（筆者參考義大利統計局的資料〔2016年〕與Ancitel公司的統計表製作）

目前人口不到五千人的小市鎮共有五千五百八十四座，這個數字占義大利所有市鎮的近七〇％。過小的市鎮想當然無法確保充分的財源，因此國家鼓勵這些小市鎮合併，但合併經常會遭遇困難。無論如何，從以上的數據可以知道，義大利是一個小規模村里自治體活躍的國家〔1〕。其理由之一，就是隸屬北歐洲文化圈的北義，與深受地中海文明影響的南義，從氣候條件到文化習慣都大相逕庭。中世紀以後成立的多數都市國家，都擁有各自獨立的政權，發展出自己的都市文化與產業。這樣的歷史背景，也是共同體意識強烈、獨立性高的市鎮得以持續的重要原因（圖1），畢竟「市鎮（comune）」在義大利語中就具有「共同（common）」的含意。

義大利國家統計局（ISTAT）的報告指出，義大利的景氣雖然在二〇一五年出現回復的徵兆，但依然無法對二〇一六年之後的成長率抱持太大的期望。米蘭（Milano）、杜林（Torino）、熱那亞（Genova）等北部地區以汽車為主產業，在五〇年代曾是義大利經濟的支柱，但現在卻低迷不振。托斯卡尼（Toscana）與馬凱（Marche）等號稱「第三義大利」的中部地區，在七〇年代曾以地方產業為基礎實現經濟發展，但現在中部地區〔2〕的產業規模也出現縮小的傾向。八〇年代，屬於「第三義大利」的中部小都市人口增加，從整體義大利的角度來看，中義與北義的貧富差距也縮小了。宗田好史在其著作《為什麼義大利的村落會如此美麗有朝氣》（なぜイタリアの村は美しく元気なのか，暫譯）當中也提到，當時就連南義的貧富差距也有些微改善。上述這些大都市以外的經濟發展，應該也能追溯到七〇年代後期到八〇年代之間，提倡重新評估荒廢的義大利歷史中心地區的價值，重視歷史脈絡的都市再生運動吧。〔3〕

更小的村里之所以會獲得矚目，也是受到經濟不景氣的影響。二〇一六年義大利國家統計局的資料顯示，義大利的產業生產率在二〇〇七年到二〇一六年之間下滑了二十二%。海外進口的低價產品與食品增加，最後導致工廠倒閉、薪資與雇用減少，國民的生活完全變了個樣。不僅如此，義大利人對政府與公家機關的不信任感也增強，他們不僅意識改變，行為也逐漸產生變化。最後愈來愈多義大利人為了追求更好的生活與工作而遠走他鄉，總數甚至超越流入義大利的移民與難民人數。移居國外的義大利人原本的居住地依序為倫巴第(Lombardia)、西西里島(Sicilia)、威尼托(Veneto)、拉吉歐(Lazio),移居的人數不管南北都很多,顯示義大利的經濟衰退已經遍及全土。其中近年來最顯著的是大學畢業的二十四至三十四歲年輕人外流的趨勢〔4〕,其二〇一五年的流出人數,較上一個年度增加十四%,憂心人才外流的聲浪在義大利國內逐漸高漲。

與上述人才外流現象並行的是,年輕人留在國內振興義大利的趨勢,也同樣變得顯著。下一節介紹的分散型旅館(Albergo Diffuso)中,也有部分是由去過都會區或歐洲其他國家的返鄉者經營。筆者在此想要先介紹一下義大利的中小企業與新創企業支援事業。

歐洲委員會基於中小企業優先的理念,在二〇〇八年制定歐洲中小企業議定書(A Small Business Act For Europe: SBA)。義大利的經濟財務部持續以這份議定書為基礎,加之考量各個地區不同的問題,制定並改良適合各大區的具體企業法架構。義大利在新的企業法中,除了獎勵「創新中小企業」之外,也

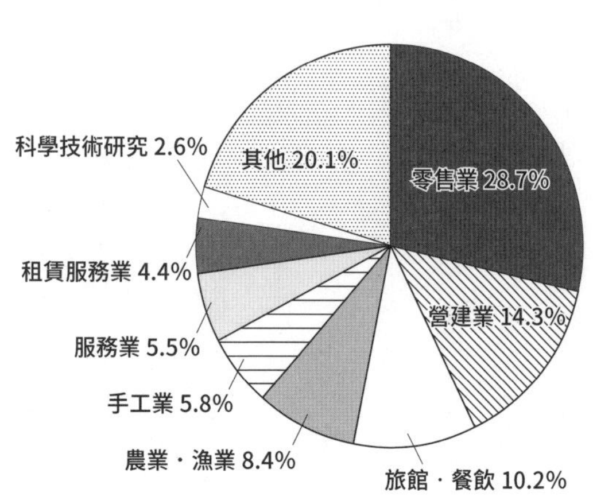

圖2 義大利整體年輕人的企業經營領域結構(2016年6月資料)

致力於「新創企業」的普及與認證，但兩者都必須符合「採取創新商業模式」的條件。二〇一二年制訂的「新創企業事業規章」規定，新創企業必須符合的條件包括創業五年以內、年營收總額五百萬歐元以下、使用高科技製造商品或提供服務、團隊內有一定比例的成員取得博士學位等。設立新創事業獎勵金，以期促進新創事業的大區，在二〇一六年獲得成果——新創企業的登錄數增加了。[5]從新創企業名冊可以看到，就連沒沒無聞的深山小鎮也出現年輕人創立的IT企業，非常耐人尋味。（圖2）

義大利原本就有許多中小企業，這些企業的特徵是多為家族經營，但這樣的形態也開始發生變化。現在沒有博士學位、不具備高度IT知識、甚至連創業都未曾考慮過的人，也會試著與朋友一起創造新事業或展開新企畫。這樣的風潮逐漸擴大，也有很多人先從副業開始。不用說，義大利之所以會出現這樣的傾向，也是受到這一、兩年急速普及的「新創企業」與「群眾募資」等詞彙的影響。「新創企業」這個源自於英語的字彙本身已經跳脫既有價值觀，對於義大利人的人際網絡意識與工作方式，開始產生變化與影響。

再回到原本的話題，義大利之所以開始重新評估小型市鎮的價值還有其他原因。無庸贅言，這也是受到八〇年代開始的鄉鎮與景觀、飲食文化與農業相關運動普及的影響。慢食協會在一九八六年成立，協會成立的契機是抗議在羅馬的西班牙廣場開幕的麥當勞。這個協會為提升義大利人的飲食文化意識帶來一大轉機，甚至帶動現在有機、長壽（macrobiotic）食品的流行。慢食運動在一九九九年衍生出慢活城市協會，根據該協會的「慢活城市憲章」定義，只有人口五萬人以下、非大區或地方首都、擁有自己的飲食文化、採取順應環境態度的城市才符合規定。〔6〕這一連串的運動，以及一九八五年制定「葛拉索法（Galasso Law）」〔7〕[1]，保護因高度經濟成長時代任意開發而遭破壞的農村景觀，都成為休閒農場（綠色旅遊）誕生的契機。

葛拉索法與同樣在一九八五年制定的休閒農場法，促使「休閒農場」從九〇年代起，陸續誕生在義大利的田園地帶，至今已經超過兩萬座。〔8〕這些休閒農場幾乎都集中在以托斯卡尼為中心的中北義。休閒農場簡單來說就是農家將自己農場內的設施當成客房，並供應以農場採收的食材製成的餐點。許多休閒農場都設有水池、飼養動物、在製油廠示範榨橄欖油等，提供遊客各種服務。義大利高品質的農作物，與家庭式經營的溫暖服務大獲成功，觀光客從世界各地慕名而來，帶給義大利農家更高的副收入。日本也以綠色旅遊的方式引進這種模式。除此之外，國際情勢的變化也影響了義大利人的度假型態。「埃及或突尼西亞等海邊的度假村雖然旅費便宜，但安全性卻讓人憂心」懷著這種想法的人，嘗試前往中義的小鎮與聚落、或是南義度過夏天後，意外發現經驗還不錯。這樣的描述，或許正是北義人的心聲。

就在義大利的休閒農場開始成長的時期，下一節將介紹的分散型旅館也正一點一滴地展開嘗試。在義大利無數的小型市鎮裡，都能看到充滿空房間的住宅、荒廢的觀光資源、以古老方法小規模生產的農作物、因為高失業率〔9〕而找不到工作的年輕人，與日益增加的高齡者。「分散型旅館」就是為了串連這些要素而構思出來的新型態住宿設施，其主要價值不在於空屋本身，而是以使用空屋的住宿設施為中心，將上述要素串聯成一個服務網，打造觀光資源，在整座鄉鎮中創造小規模的事業。若觀察成功的案例就會發現，這些案例中的業者都積極展現個性與人格，並將實際接觸旅客的村民當成重要的觀光資源。有些市鎮甚至因為打造分散型旅館的村子裡，誕生了好幾項小型事業，而獲得了正向的漣漪效果。廣義而言，整座小鎮都可稱為「新創企業」。

觀察義大利的整體觀光業界，各種不同程度的「新創企業」正急速增加。從機票到計程車的預約、支付，全都可以使用手機完成，個人已經不需要透過旅行社就能輕鬆規畫行程。尤其南義的生活型態，原本就重視人與人之間的連結，因此年輕新銳

1　葛拉索法（Galasso Law）：為了防止國家的風景遭受破壞或荒廢，義大利政府頒布法條，將特定地區納入自然風景保護法的規範、設定禁止建設區域，並命令州政府有制定風景維護計畫的義務。

逐漸高齡化的村莊與聚落

巧妙活用這樣的地域特性，創造新型態的事業。他們最小限度使用必要的數位科技，在服務與款待方面保留傳統的類比型態，提供觀光客無法從其他地區獲得的體驗。

尤其在沒有特殊觀光名勝的地方，「人情」與「飲食」就是可以巧妙運用的觀光素材。說到飲食，現在整個義大利都能聽到「零食物里程」這個義大利版的地產地消口號。小鄉鎮容易取得新鮮、安全的食材，因此更適合實際前往當地，透過飲食體驗當地文化的觀光行程。食物的選項也相當廣泛，不只普通的素食主義者，就連以奶蛋都不吃的純素主義者（vegan）為對象的特殊食品領域，也出現引進科技的事業。以飲食為主題的事業，今後似乎還有更大的發展空間。〔10〕

2 分散型旅館的誕生

「分散型旅館」的定義是重新利用空屋打造的住宿設施，與分散於整座城鎮的服務結合，以整座城鎮招待觀光客。義大利文中的「albergo」是旅館，而「diffuso」則有分散的意思，因此「分散型旅館」就是「albergo diffuso」的直譯。傳統旅館中的櫃檯、大廳、客房、餐廳等，以垂直方向容納於單一個體的建築物中，而分散型旅館的櫃檯、客房、餐廳、小店等，則以水平方向散布在整座城鎮。（圖3）

我開始接觸分散型旅館的契機，是在二〇一五年九月以行程安排及口譯的身分，陪同松永安光先生與德田光弘先生進行調查。我個人的調查在這之後也持續進行，終於掌握了義大利由北到南各種分散型旅館的狀況。

分散型旅館是吉安卡洛・戴爾拉（Giancarlo Dall' Ara）在一九七六年的威尼斯北部大地震後，以災後復興為目的構思的住宿模式。後來雖然在幾個小鎮嘗試，但許多空屋的所有者都住在國外，因此實現起來有困難。直到九〇年代中期，這種住宿模式的原型，才終於在薩丁尼島（Sardegna）中西部一座名為波薩（Bosa）的小鎮中誕生。〔11〕對於戴爾拉的創意感到共鳴的建築師，花了好幾年的時間收購空屋，逐漸增加房間數。但薩丁尼政府直到二〇〇二年才透過條例承認分散型旅館是一種住宿設施。受到波薩的觸發，分散型旅館的開幕潮就像漣漪一樣逐漸擴及周邊城鎮。

此外，我們也可以從義大利度假村史的角度探討分散型旅館。義大利因為戰後的經濟成長而變得富足，六〇年代左右，出現了一股以海邊度假村為中心的度假熱潮。海水療法也蔚為流行，以一週為單位在海邊居住的休假型態，逐漸根植於義大利家庭或銀髮族身上。薩丁

圖3　分散型旅館與一般旅館的概念圖，由日本大學的渡邊康繪製

尼北部的翡翠海岸（Costa Smeralda）、拉馬達萊納群島（La Maddalena）、五漁村（Cinque Terre）、阿瑪菲海岸（Costiera Amalfitana）、塔奧敏納（Taormina）等原本寂寥的漁村，現在都成為知名的度假勝地。除此之外的小鎮或村落，只要有美麗的「海岸」、供應美味的餐點，也能帶來富足的經濟。但遠離海岸的城鎮，就處在地理上的劣勢。這些山裡的村莊或小鎮，也希望自己能夠靠著分散型旅館的觀光效果，達到振興地域的目的，就像以托斯卡尼為中心的丘陵地因為休閒農場而成功發展的案例那樣。分散型旅館除了像休閒農場一樣可以體驗地產地消的飲食文化之外，也因為觀光、購物等所有事務都必須透過步行才能完成，因此可以感受散步、健行等徒步旅行的樂趣。

戴爾拉為了方便經營者之間交換資訊，並維持旅館的品質，在二〇〇五年成立了分散型旅館協會。截至二〇一六年十二月為止，協會登錄在案的旅館在義大利全國共有九十座。（圖4）在國外方面，克羅埃西亞與西班牙各有一座，二〇一六年七月，東京的谷中也有一座獲准登錄。登錄件數在日後也將逐年增加。這些旅館的經營方法與型態各不相同。有些是由屋主兼任經營者，有些是由數名合

原本是空屋的客房內部，可以感受到這片土地的生活史

夥人購買空屋經營，也有人租房子經營。實際用來住宿的住宅，有些改造得魅力十足，甚至成為電影或電視劇的拍攝場景，但絕大部分都是質樸的一般住宅。老實說，分散型旅館幾乎不太會採取像是可以刊登在雜誌上那樣的美麗設計。雖然有些地方總是客滿，但大部分的分散型旅館都還在推廣階段，給人接下來才會慢慢充實服務的印象。

許多分散型旅館都費盡千辛萬苦只為打造觀光資源，因為旅館的所在地如果沒有重要的歷史古蹟，也不像多洛米蒂山脈（Dolomiti）或托斯卡尼丘陵地帶那樣擁有超凡美景，就只能靠著經營者自己重新為地域創造出新的價值。對分散型旅館的經營者而言，最辛苦的部分是他們不能像拉斯維加斯那樣打造一座人工的觀光小鎮，而是必須讓這座接納觀光客的小鎮與居民的生活共存。如果想要獲得居民的理解，需要相當的努力、熱情與準備時間。分散型旅館的經營者如果不與當地居民建立強烈的信賴關係，使居民對旅館產生共鳴，居民對於路上擦身而過的觀光客也不會感興趣。各個鄉鎮的氣氛，會因居民的意識不同而大相逕庭，這點筆者有切身的感受。筆者認為，經營的家族或團隊投入愈充沛的

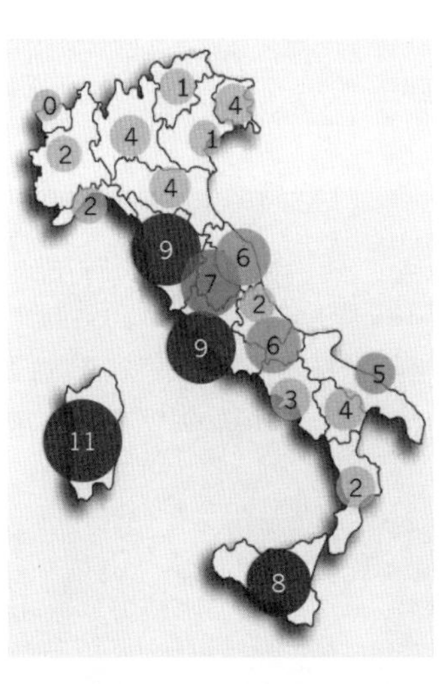

圖4　協會登錄的分散型旅館分布圖（截至2016年12月）

資金，具備愈豐富的專業知識、經驗與技術，分散型旅館的運作就能愈順利。

現在的義大利因為人口減少與外流，約有多達五千個鄉鎮逐漸化為廢墟，其中三千個正面臨廢村危機。根據二〇一五年義大利國家統計局的統計，義大利的高齡化比率已經超越德國，成為全球高齡化排名僅次於日本的國家。

筆者造訪了幾座面臨廢村危機的村落，這些村落都已經成為名符其實的鬼城。從這種狀態要發展成觀光區，將是一條非常漫長的道路。現在常聽到「永續旅遊」[2]這個詞彙，但有時候很難由當地居民本身來重新肯定地域環境與文化的價值。在分散型旅館案例中，有些是透過海外觀光客對村落的讚嘆，以及日後持續造訪，而改變當地居民的行動與意識。接下來將介紹的幾個案例，都不僅止於經營住宿設施，而是以小鎮或村落的整體再生為目標，持續進行一些剛萌芽的嘗試。

吉安卡洛・戴爾拉（中央）

3 扎加羅洛：羅馬近郊富有野心的分散型旅館

扎加羅洛（Zagarolo）是位在羅馬東南方的市鎮，距離羅馬約三十六公里，櫛比鱗次的住宅緊貼著全長約兩公里的細長丘陵地而建。這裡的人口約一萬六千人，雖然沒有廢村的危機，但觀光客少，也沒有發展產業。至於國際交流活動則早已開始進行，與日本的福島也有交流。筆者造訪的是位在這座城鎮的薩賈里旅舍（Borgo dei Sagari）。這間旅舍在二〇一六年三月剛獲得分散型旅館的正式認證。旅館主人是羅馬出身的三十多歲情侶，曾在米蘭從事旅館業，厭倦大都會生活的兩人非常喜歡扎加羅洛這座小鎮，開始在此經營以全球年輕背包客為對象的青年旅館，同時也著手打造活用空屋的分散型旅館。這對情侶在米蘭認識的朋友，也從都市移居扎加羅洛，成為旅館的工作人員。這些帶著米蘭腔的年輕人的熱情款待，讓筆者受寵若驚。

羅馬周邊有許多觀光景點，包括保留古羅馬貴族別墅與庭園的提沃利（Tivoli）地區、可享受海水浴，沿岸也保留羅馬時代市鎮遺跡的奧斯提亞（Ostia）、位於葡萄園中，曾是古代貴族避暑地的羅馬城

2　永續旅遊（sustainable tourism）：維護觀光地的環境資源、社會文化和地方經濟，使當地的旅遊事業和環境得以長久維持的一種觀光模式。

堡區（Castelli Romani）等等。來自羅馬的一日觀光巴士帶來了熙來攘往的觀光客。大型觀光巴士企畫了附葡萄酒與午餐的低價一日行程，將大量觀光客送到這些地方以謀取利益。但旅館的主人特意選擇不是觀光勝地的扎加羅洛，並巧妙地將遍布整座城鎮的巷弄氣氛、特產白酒的釀造，以及根植當地的農業生活型態與觀光結合。

他們首先向當地的不動產所有者收購或租賃空屋，從確保住宅開始。至於空屋整建的部分，有些由所有者進行，有些則由身為經營者的他們進行。我所居住的屋子，原本是葡萄酒的儲藏室，以閣樓將空間隔成上下兩層，將寢室與起居室隔開。義大利的旅館房間一般約為二十五平方公尺，這裡則有約七十平方公尺。起居室與廚房的面積比寢室更大，住起來的感覺就像自己家一樣。

面對巷弄的生活

扎加羅洛每週末舉行的市集，以義大利品質最高的農夫市集而聞名，販賣的農產品包括蔬菜、豆類、白酒、麵包、臘腸、起司、雞蛋等等，確實有很多其他義大利小鎮沒看過的特色農家前來設攤。由於這些食材生產規模小，如果想以目前義大利流行的長壽食品或有機食品的名義，陳列在都會的食品店販賣，流通與認證都有困難。[12]因此扎加羅洛的另一批年輕人，於二〇一五年成立了名為「Pantasema」的農業文化協會。這個協會雖然無償取得或租借農地、自己栽種農作物，並將農產拿到市集或是直接販賣，但主要活動還是農業啟蒙。他們與當地的中小學合作，提供讓中小學生更了解農業與農作物的課程，並與來自國際志工協會的全世界年輕人一起進行農事。

每年十月初，扎加羅洛都會舉行葡萄嘉年華，這是鎮上最大的祭典活動。平常人煙稀少的小鎮，到了這個時候全鎮老小總動員，從早晨就開始準備持續到半夜的祭典。扎加羅洛平常就會頻繁舉行文化活動，能夠做到這點，想必也是

由葡萄酒儲藏室改建的住宿設施

生產者在農夫市集販賣當地特產的白酒

因為這裡擁有一定的人口規模，居民也對地域振興懷著高度意識吧！

薩賈里旅舍的這對經營者情侶，也持續經營最早開幕的青年旅館，接待來自世界各國的背包客，因此他們熟知外國觀光客的喜好。為我們介紹小鎮的女性員工，對於義大利的都市問題知之甚詳，一問之下才知道她畢業於米蘭大學的建設工程系，原來如此。

義大利的經濟低迷不振，不少人將公司收掉，轉型成為個人事業，因此對於三十多歲的義大利人而言，以有限公司的形式展開事業需要相當的覺悟。這裡所有的年輕員工都能精通數國語言，團隊之間也合作無間。這間由外來年輕人經營的分散型旅館，也被當地人接受，並與當地居民攜手合作，透過觀光業實現地域振興。筆者期望這樣的案例能夠更加普及。

一年一度的葡萄嘉年華讓整座城鎮熱鬧異常

4　卡拉布里亞與坎帕尼亞：擺脫廢村危機的嘗試

接下來想要介紹兩個人口五千人以下的小型市鎮的嘗試。這兩座位於南義的小市鎮，過去都未曾被當成觀光區，但現在兩座小鎮卻各自透過不同的方法，開始經營分散型旅館。

首先第一個介紹的是位於卡拉布里亞大區（Calabria）科森札省（Cosenza）的貝爾蒙泰・卡拉布羅（Belmonte Calabro）市鎮。這座市鎮座落在標高二六〇公尺的山上，人口兩千人（截至二〇一六年）。位於南義的卡拉布里亞大區，不僅沒有任何一個世界遺產，還因為路況不佳、有許多黑手黨出沒，普遍給人不太好的印象。但隨著來自北義及歐洲北部的廉價航空開闢了飛往拉美齊亞・特米機場（Lamezia Terme Airport）的航線，狀況開始一點一滴地改變了。這裡與阿瑪菲或塔奧敏納等其他南義的小鎮相比，保留更多質樸的氣氛，還能以划算的價格品嘗新鮮海產，因此成為相當受歡迎的私房避暑地。

貝爾蒙泰・卡拉布羅這個名稱源自於「bella montagna（美麗的山）」。市鎮的景色就像名稱所形容的，背後有群山形成的美麗風景，西邊則能眺望第勒尼安海的水平線。鎮上的建築物幾乎都是空屋，當地出身的四十多歲夫婦，就在人口嚴重外流的情況下經營分散式旅館。他們首先從重新認識與肯定自己的小鎮與地域價值開始。櫃檯、早餐室與餐廳等建築物，都面對著小小的路口（largo，道路與道路交叉處形成的小空間）。這些路口裝飾著當地漁業使用的漁船及漁網等等。旅館的男主人說，許多從事漁業的男性年事已高又後繼無人，所以他希望在這裡裝飾一些能夠將過去的記憶與現在串連起來的事物。分散型旅館的認證條件除了建築物內部之外，還包括是否擁有能與當地人交流的戶外公共空間。我們造訪時，路口的長椅上就坐著一些當地長者，這些長者也與我們稍微交談了一下。經營者夫婦在開始經營分散型旅館之前，聽說曾到世界各地旅行，他們巧妙運用自己獨特的美感，完全自力經營。他們的旅館在網路上廣受好評，夏天所有房間都住滿了來自歐洲北部等地的觀光客。

另一個案例則是位於坎帕尼亞大區（Campania）阿韋利諾省（Avellino）卡洛雷河畔卡斯泰維泰（Castelvetere sul Calore）的分散型旅館。這座小市鎮距離拿坡里大約一小時十五分鐘的車程，在一九八〇年的南義大地震中有將近三千人犧牲，周邊地區也毀於震災。後來許多人因為害怕地震再度發生而從此地搬離，再加上高齡化等的影響，導致人口大幅流失，現在的人口只有一千六百一十五人。村莊區（Borgo）是這座小鎮最古老的核心部分，市鎮接受歐盟的補助金將這個地方改建成為分散型旅館。其住宿設施後來大約有十年的時間

裝飾在村裡開放空間的漁船

暫時由其他經營者經營，但最後因為經營不善而荒廢。旅館的經營在二〇一三年七月由亞哥提諾・德拉・加塔（Agostino Della Gatta）接手，他以向市鎮租賃建築物的形式重新開幕。住宿設施使用的建築物原本是圍著中庭而建的中世紀城堡。至於會議室、早餐室兼餐廳、販賣當地特產的商店等，則遵守分散型旅館的條件〔13〕，散布在二百公尺以內的範圍。不只屋內，屋外也有大約兩個「可以和居民交流」的開放空間。加塔為了振興這座小鎮與周邊區域整體的觀光，而前往米蘭世博會等各種商展參展，採取與其他分散型旅館稍微不同的方式宣傳。舊市鎮建築（市公所）同樣在歐盟的補助之下進行改建工程，預定完工之後將當成展示本地傳統工藝的紙偶博物館使用，但目前尚未開幕。

加塔非常熱心親切地招待觀光客，然而一旦離開村莊區，就會感受到居民在態度上的落差，無論哪位居民都很疏離。其中有些住宅甚至從三十年前的地震之後就荒廢，而且到處都貼著「出售」的紙張。某位老人在訪談的時候回答：「我想快點把不動產處理掉，搬去安全的地方。我不只想賣房子，還

老嫗在一旁守望村裡代代都由少女負責的祭典

附上家具與生活用品。如果願意買下房子的話，我會算他便宜一點。」

歐盟給予的補助金原本是為了弭平城鄉差距，而地域振興也應該把「由下而上」的居民參與，當成主要宣傳理念推動才對，但實際走訪之後讓筆者重新認識到，與市鎮或大區政府合作的地域振興有多麼困難。卡洛雷河畔卡斯泰維泰雖然不是完全沒有觀光資源，但過去不曾接待過觀光客，是一個未曾有過觀光業的地區，因此官民合作也還停留在摸索的狀態。即便觀光客住宿的房間與其他設施均已完備，但在軟體方面也尚未做好招攬觀光客的準備。觀光資源的開發，正處在好不容易開始，正準備前進的階段。

使用中世紀城堡打造的住宿設施

松永安光（左）、已故的亞哥提諾．德拉．加塔（中央）、德田光弘（右）

加塔在經營分散型旅館的同時，也為地域振興的活動盡心盡力，但他卻在二〇一七年五月底驟逝。經營方面由其他人接手，而筆者也希望他的志業能有辦法延續下去。

5 南巴西利卡塔的洞穴屋：從負遺產到重新評估與觀光地化之路

南義的巴西利卡塔大區（Basilicata），總面積的四十七%為山地，四十五%為丘陵地，其餘的八%才是平原，是一個起伏非常劇烈的地方。[14]馬泰拉（Matera）屬於這地區，在二〇〇三年被登錄為世界遺產，是位於近百公尺的山谷中鑿開岩石打造的洞穴屋，由此可以了解這一帶的地質以硬質石灰岩為特徵。馬泰拉與波坦察（Potenza）之間，是一千二百至一千五百公尺的群山綿延的地帶，有「巴西利卡塔的多洛米蒂」之稱。皮耶特拉佩爾托薩（Pietrapertosa）市鎮就位在其中標高一千〇八十八公尺的岩山上。筆者就留宿在這座市鎮裡一間名為星座（Le Costellazioni）的分散型旅館。

隨著車子離目的地愈來愈近，整座小鎮映入眼簾，幾乎稱得上是人類勞力歷史的景觀令我吃驚。我們預約的那天不巧下大雨，車子繞過路況不佳的山路終於抵達，但這也不禁讓我想到基於特殊理由而來此定居的人們。入住時大雨依然持續，雨水就如同瀑布一般，從佈滿小鎮的巷弄上方傾洩而下。

星座旅館由六個人合夥經營，他們在二〇〇七年成立公司，並逐漸增加擁有或租賃的空屋，目前用來當成住宿設施經營的屋子共有九間。住宿者的早餐室同時也是鎮上的人會來光顧的酒吧，打理酒吧的是從鄰村通勤的兩位年輕男子，這裡也同時販賣當地特產。鎮上的人面對突然出現的一群外國人時，雖然有點不知所措，但依然親切以對，這間酒吧也是如此。從我們受到歡迎的態度，可以感受到居民們生活在觀光區的自覺。

這座小鎮上方的建築，正面外牆看起來和一般住宅沒什麼兩樣，不會察覺到內部是往橫向或深處開鑿岩石所挖掘出來的居住空間。如果馬泰拉是將廢墟重建為觀光區的小鎮，這裡就是靠著直接利用存在兩千年以上的洞穴屋而生活的小鎮。我們住宿的空屋房間深處，也有裸露在外的岩石表面。

鑿開岩石打造的皮耶特拉佩爾托薩

早餐室的酒吧當地人也會光顧，負責打理的是兩位從鄰村通勤的年輕男子

小鎮擁有悠久的歷史，西元前五世紀左右，來此建設殖民地的希臘人將這裡打造成軍事設施。鎮上的地界、城、總教堂、古老拱門等史蹟前方都設置說明板，將重點以包含中文在內的五種語言呈現。這些國際化的說明板對邊陲小鎮而言甚至有點突兀，但從這點也可窺見他們在招攬外國觀光客上，花費不少心力。感覺上，居民確實也好不容易才習慣觀光客。這個在中世紀的伊斯蘭時代由阿拉伯人打造的地區，每年八月都會舉行「阿拉伯嘉年華」，並在活動期間舉辦中東市集，供應阿拉伯料理並展示工匠製作的工藝品。夏天也和北義的多洛米蒂一樣，因為登山或攀岩的遊客而熱鬧異常。我們造訪的皮耶特拉佩爾托薩對面，也有一座在岩石上打造的城鎮，名為卡斯泰爾梅扎諾（Castelmezzano）。兩座城鎮十分相似，並以纜繩相連。遊客還可透過後背式裝備吊掛在纜繩上，從事離地五百公尺的空中運動。以時速一百二十公里，在空中飛速移動約一千四百公尺，著實需要勇氣，但自二〇〇七年開幕以來就大受觀光客歡迎。

馬泰拉是巴西利卡塔大區最知名的小鎮。我在一九九七年春天與大學研究室的夥伴一起造訪這座小鎮時，這裡剛登錄成為世界遺產四年，才剛開始轉型成為觀光區。幾乎所有的洞穴屋都還只是張著黑色大口的密集洞穴。但這二十年來，馬泰拉完全煥然一新，現在已經有多達二十二家的旅行社，與三十五家的文化協會及合資公司。這些公司幾乎都在馬泰拉登錄成為世界遺產之後成立。或許是為了避開高額的法人稅，公司多半都以文化協會或是小規模的企業型態經營。

挖鑿岩石開闢的房間現在也仍在使用

當成分散型旅館使用的馬泰拉洞穴屋

緊鄰的普利亞大區（Puglia），出現了專為北義或北歐觀光客打造的富裕階級專用度假村與SPA水療館。而馬泰拉也成功利用洞穴屋打造出專門符合這一小群有錢人品味的住宿設施。塞尚提歐（sextantio）分散型旅館就是其中之一。經營這間旅館的是擁有特殊人生經歷的義大利男性。這名男性持續向銀行融資購買廢村的住宅，也不知道什麼時候才能全部回收。他首先在阿布魯佐（Abruzzo）大區的一座人口一百二十一人的小鎮，買下約五分之一的住宅，開設了一間名為聖・史蒂法諾・迪・塞桑提諾（Santo Stefano di Sessanio）的分散型旅館。身上流著北歐血液的老闆，活用內牆如廢墟般的氣氛，並擺放連細節都講究的家飾，將裝潢整合成符合歐洲北部人品味的簡潔風格，因此儘管走高價位路線，依然大獲成功。馬泰拉開幕的旅館也採取同樣的風格，甚至連世界各國的名人住過之後都讚嘆不已，旅館也變得愈來愈知名。這兩間旅館受外國人歡迎的程度勝過義大利人。旅館周圍雖然有許多為觀光客打造的設施或辦公室，但因為實際居住的居民很少，無法期待與居民之間有什麼交流。

比較巴西利卡塔的這兩間分散型旅館可以發現，兩間的所在地都具有洞窟小鎮的特徵。一間是

直接使用洞窟壁面的房間

使用完全荒廢的小鎮打造符合特定客群的住宿設施，另一間則是以中產階級為目標客群，讓住宿設施與服務散布在雖然有廢村危機，但仍在運作中的村子當中。馬泰拉的分散型旅館採取大膽的改建方式，將住宿設施建造在內牆與地面裸露的洞穴內部，這種少見的手法成為世界矚目的焦點。使用洞穴打造的分散型旅館，不僅為提升馬泰拉的知名度帶來貢獻，就連仿造的旅館也開始出現。兩者相較之下，皮耶特拉佩爾托薩的分散型旅館，確實更能將住宿者帶來的利益分配給整座城鎮。但筆者認為，就持續開發觀光資源這點來看，兩座旅館的做法都是正確的。使用空屋的住宿設施近年來也在日本成為話題，這兩個案例的比較，或許能有很大的參考價值吧！

6 莫斯托納度假村：投資巨額資金的老闆

義大利是個南北狹長的國家，而南北的經濟與文化也有很大的差異。具體而言，愈往南方前進，基礎建設就愈不完善。南方產業的特徵是中小企業與微型企業為數眾多，失業率也較高。北義則是支撐義大利經濟的大資本產業集中的地區，女性雇用率較高，經濟也很富足。分散型旅館以復興人口外流的村落為主要目的，因此幾乎都集中在產業與所得都較少的中南義。由此可知，南北義大利的文化、習慣與經濟狀況都大相逕庭，筆者因為想要了解北義分散型旅館的狀況，而前去拜訪位在倫巴底大區（Lombardia）瓦雷澤省（Varese）的一座名為莫斯托納度假村（Borgo di Mustonate）的分散型旅館。

義大利國家統計局的資料顯示，北義倫巴底大區與緊鄰奧地利的波札諾自治省（Bolzano）這兩個區域，共有超過一千座人口五千人以下的小型市鎮，占整個行政區的八十五％以上（圖1）[3]。這個數字顯示，即使是小型自治體也能擁有足以維持下去的富足經濟。

倫巴底西北部靠近瑞士國境的瓦雷澤市，是一座人口八萬九千人的大城市，原本盛行汽機車製造、家電製造及鞋業等產業。但富足的倫巴底也因為經濟危機與海外低價產品的衝擊，導致周邊的產業跟著衰退。由於一直以來都還算經濟富足，這裡的分散型旅館要到二〇一五年才成為倫巴底大區政府認證的住宿設施。

莫斯托納度假村位在距離瓦雷澤市五公里的瓦雷澤湖附近，四周擁有豐富的自然景觀。老闆蒙泰諾先生原本出身於米蘭，長年在銀行任職，二〇〇五年

3　根據本章圖1，倫巴底大區內人口不到五千人的小市鎮佔了全部市鎮的八十五％以上；波札諾自治省則是占了六十五％以上。

老闆兼經營者亞雷提・蒙泰諾（Aletti Montano）也是地方鄉紳

開始在名為莫斯托納（Mustonate）的聚落一點一滴地購買空屋與土地。現在幾乎買下聚落所有的不動產，並在這裡展開振興活動。

蒙泰諾原本就在資產家的家庭中成長，這片綠意盎然並擁有湖泊美景的土地，是他從小與父母一起度過假期的地方，令他相當難忘。因此他持續投資這片地域，希望能夠帶來復興。這片面積多達六十公頃的土地中，有馬術俱樂部、餐廳、酒吧和十間租賃公寓。馬術俱樂部的建築內設有會議室，同時也經營販賣當地食材的商店。

這座度假村擁有七十匹馬，村內有騎馬教室，可搭乘懷舊馬車遊覽、使用相鄰的湖泊進行水上運動，同時提供騎自行車、打高爾夫球等觀光活動。老闆也致力於推廣當地的飲食文化，他曾為了推廣莫斯托納度假村周邊地區飲食文化，前往米蘭世博會參展。度假村內的餐飲外包給高級路線的餐廳打理，料理是由隸屬於義大利廚師同盟的主廚調理，廚師同盟與義大利慢食協會有簽訂協約，因此可以品嘗到受協會保護的當地菜色。

會議室正在為隔天馬術俱樂部的會議做準備

瓦雷澤省內有歐洲原子能共同體設立的環境保護研究所（ISPRA），針對歐洲境內的環境保護與能源問題，與歐盟加盟國進行共同研究。基於這樣的地區特性，瓦雷澤省也是義大利最致力於環境保護的地方。近年來也以「綠色校園」的名稱，推動在校園中引進永續社會教育的計畫，實施的年齡層從幼稚園到高中。這項計畫的目的是藉由學習如何減少日常生活中的垃圾、使用再生能源、不浪費食材的方法〔15〕與生物多樣性等，藉由這些具體的目標來激勵孩子們，讓這些肩負未來的孩子擁有更高的環保意識。

住宅與建築消耗的能源在歐盟圈內占了約四成，因此歐盟為了削減其能源消耗量，而頒布了2010／31／EU（Energy Performance of Building Directive: EPBD）歐盟指令。這個指令是以二〇〇二年就已實施的內容修改的，具體方法則交由各國自行制定。目前歐洲各國都為了在下一期二〇二〇年之前達成目標值而實施節能對策。〔16〕

義大利遵循歐洲指令EPBD之中近零能耗建築（nearly zero energy building）的目標，預計從二〇二一年一月開始，國內所有新建造的建築物都必須符合近零能耗（nearly zero energy）法。換句話說，所有新建築物裝設的冷暖氣，都必須使用自家發電或是再生

一樓改建成起居室，二樓改建成寢室的住宿設施

能源供應。至於倫巴底除了公共建築物之外，就連一般住宅也早一步義務性地安裝利用可再生熱能的冷暖氣裝置，因此在環保節能方面，可以稱得上是模範大區。〔17〕

莫斯托納度假村也在二〇〇九年設置雨水儲藏設施，二〇一〇年二月開始裝設總發電量五十四千瓦的太陽能板。安裝太陽能板可獲得國營電力管理公司「能源效率監視機關（GSE）」的補助金。而這筆補助金聽說也包含十五年的保證期間。太陽能發電需要十年才能回收，維護保養也很花錢，雖然實際上並沒有省到錢的感覺，但對於能為地球環境帶來貢獻這件事，經營者本身應該也感到滿足。

莫斯托納度假村是一座活用周邊自然環境，來提供觀光服務，並且持續不斷進行在地投資的運動度假村。這裡環境優美，設備齊全，來到這裡或許會讓人誤以為自己置身於需要付費入場的廣大設施，但這裡並不是封閉的觀光村，周邊的居民都能自由往來，是一座運作中的村落。這裡的景觀與建築並沒有破壞村莊文化上的紋理，計畫與修復時都將環境納入考量。這樣的再生案例，只有在能夠投資充沛資金的北義才有機會執行，讓人留下非常深刻的印象。

當地的義大利人也會光顧的當地特產賣店

這個地區最大的課題，就是居民多半擁有強烈的排他性意識。蒙泰諾老闆感嘆，瓦雷澤省有許多北方聯盟黨的支持者，因此也帶給觀光客冷淡的印象。他口中的北方聯盟黨，是一個主張北義優越性與排斥移民的極右政黨。而瓦雷澤接受綠色校園教育的下一代，如何在守護當地環境的同時，也在觀光產業以外的領域接納世界的多樣性，將是值得持續關注的焦點。

3

庇里牛斯南麓地方：從美食學展開的地域創生

鈴木裕一

1 庇里牛斯南麓地方的概觀

伊比利半島與大陸的相連處是西班牙與法國的國境。這裡橫著一座東西長四五〇公里的庇里牛斯山脈。山脈西邊沒入大西洋，東邊沒入地中海，在歷史上長久以來都是分隔不同世界的屏障，尤其在伊斯蘭勢力從非洲入侵伊比利半島的時代，當時支配歐洲的法蘭克王國，就靠著在庇里牛斯山脈南麓地方配置邊境伯爵與之對抗。這股勢力後來整合成數個王國，現在則演變成巴斯克（País Vasco）、拉里奧哈（La Rioja）、納瓦拉（Navarra）、阿拉貢（Aragón）、加泰隆尼亞（Cataluña）等自治區。這幾個自治區除了已經成為標準西班牙語的卡斯提亞語（Castellano）之外，分別都有獨自的語言，尤其大西洋側的巴斯克，與地中海側的加泰隆尼亞都以自己的傳統文化為傲，具有強烈的獨立傾向。

然而現在這個地域最受矚目的，應屬以巴斯克聖塞巴斯汀（San Sebastián）女性禁入的美食俱樂部為傳統飲食代表文化。加泰隆尼亞出身的主廚費朗・亞德里亞（Ferran Adrià）開發出有新式烹飪（nueva cocina）之稱的料理手法。這種自由運用液態氮、吉利丁、化學物質的嶄新料理手法瞬間普及到整個地區，使這個地區摘下了十六顆米其林星星。

巴斯克的中心都市畢爾包（Bilbao），擁有恩內克・艾夏（Eneko Atxa）主廚經營的「阿爾曼迪（Azurmendi）」餐廳，這是一間以「永續建築融合美食」為概念的三星餐廳。而附設美食餐廳的「馬歇爾」

飯店的知名老闆兼主廚恩立奎・馬丁內斯（Enrique Martinez），則在相鄰的納瓦拉自治區圖德拉（Tudela）近郊小鎮辛特魯埃尼戈（Cintruénigo），成立了巨大的食品工廠，並設立國際性的餐飲企業龐迪哥・馬歇爾食品工廠（de Pontigo Maher Cooks），以大企業的方式經營。

二〇一一年，蒙德拉貢大學在聖塞巴斯汀開設了專門研究美食學的新學院——巴斯克廚藝中心（Basque Culinary Center）。大學的經營主體是蒙德拉貢公司（Corporación Mondragón），由位於巴斯克山谷深處的蒙德拉貢合作社創立。

巴塞隆納大學藝術系副主任曼紐埃爾・艾門德羅（Manuel Almendro）是納瓦拉的圖德拉出身的雕刻家，也是我的老友，這次的採訪受到他與兄長華金・艾門德羅與其親戚安立奎・馬丁內斯的許多幫助。而釀造研究加藤田千惠子女士與影像製作者石井佳帆里女士，則不遺餘力地提供了許多關於巴斯克廚藝中心，與西班牙人打造的日本酒藏「絹之滴（Seda Liquida）」的資訊與照片。藉此機會獻上我由衷的謝意。

2　建造於庇里牛斯南麓村莊的日本酒藏：加泰隆尼亞的天才主廚與日本的飲食文化

從巴塞隆納往北前進大約一百公里左右，就會來到庇里牛斯南部，西法交界處附近的布拉瓦海岸（Costa Brava），這裡風光明媚，是地中海沿岸的度假聖地。位於此地的卡達克斯（Cadaqués）是全包式度假村「地中海俱樂部（Club Med）」的發祥地，達利的「蛋屋」也在這裡，因此也吸引許多海外觀光客前來。而天才主廚費朗·亞德里亞（Ferran Adrià）的鬥牛犬餐廳（El Bulli），就位在從卡達克斯再稍微往內陸一點的美麗小海灣，餐廳名稱來自老闆的愛犬。這間餐廳是新式烹飪的旗手費朗·亞德里亞，在一九九七年到二〇一一年之間獲得米其林三星的傳說餐廳，而亞德里亞也曾五度入選全球最佳主廚。餐廳只有五十個座位，營業時間只有夏季，也就是半年，卻曾經獲得全球第一的人氣。但亞德里亞卻在二〇一一年八月突然歇業，據說理由是為了追求更新的料理。新的鬥牛犬餐廳將以「創新料理的研究開發實驗室」為概念，就像MIT的媒體實驗室一樣，名稱也將改為「鬥牛犬工作坊（El Bulli Taller）」，並且預計在二〇一七年聖誕節後重新開幕。

出生於巴塞隆納的亞德里亞，在孕育出達利、米羅、畢卡索、高第的藝術環境中，將熱情投注於創作自己的新式料理。他在二〇一四年的高第研討會中，以高第的代表作米拉之家為主題，開發出充

發表高第風創作料理的天才主廚亞德里亞

滿魅力的高第風格創作料理。日本的飲食文化也為他的新式料理帶來影響。巴塞隆納的日本料理老鋪「屋島」老闆娘山下裕子女士說，亞德里亞經常來店裡品嘗研究。二〇〇一年，巴塞隆納民族博物館企畫了歐洲第一場日本飲食文化展「ITADAKIMASU」，這場展覽由我負責整體的設計規畫，我從千利休的茶湯文化開始，從文化人類學的觀點將日本的飲食文化介紹給西班牙人。從那時開始，西班牙人對日本飲食的興趣就逐漸提高，日本與西班牙的飲食文化交流也開始盛行。二〇〇五年舉辦的愛知世博會的西班牙館中，由亞德里亞等星級主廚開發的西班牙小菜（Tapas）大獲好評。三一一大地震發生的二〇一一年，巴塞隆納也舉辦示範與演講，介紹災區岩手縣三陸的三種不同滋味的日本酒，與合適的下酒菜，做為復興支援活動的一環。這個活動的中心人物是日本飲食文化策畫者安東尼奧・坎皮斯（Antonio Campins）。他在大學讀的是化學，後來與亞德里亞一起成為美食策畫師，從關於廚房的工業設計到桌邊示範一手包辦，現在則是西班牙飲食文化「美食學」的第一人。

安東尼奧對日本酒愈來愈著迷，最後甚至在庇里牛斯南

安東尼奧・坎皮斯站在掛著杉玉的酒藏前

麓山裡一座居民只有五十人的小村落圖香特(Tuixent)，打造由西班牙人打理的日本酒酒藏，二〇一六年終於完成第一款由西班牙人釀造的日本酒。他走訪日本各地有名的酒藏，直接向杜氏[1]學習製作方法，從研究、種稻到釀造全部自己來，最後終於研發出名為「絹之滴(西班牙文：Seda Liquida)」的新款米酒。住在巴塞隆納的他，四十年前為了能夠在冬天滑雪、夏天避暑，而買了圖香特當地獨特的傳統老屋做為別墅使用，推測屋齡有五〇〇年以上。庇里牛斯式牆壁由大小不一的天然石打造而成，並以石灰砂漿固定，厚度特別厚，天花板則由隧道穹窿構成，因此屋內彷彿就像洞穴一樣。今年造訪時正值第二批新酒開始釀造的時期，入口的屋簷下吊掛著新的杉玉[2]。從這種對日本文化與民俗的講究，也能窺見安東尼奧對釀造日本酒的熱情。庇里牛斯的湧泉富含礦物質，空氣清

加泰隆尼亞老屋改建的酒藏，附設發酵實驗室

當地產的濃厚山羊起司與大吟釀濁酒

新而且溫度也是偏低的適溫，這樣的氣候似乎能讓混有渣滓的濁酒獲得良好的發酵，他於是決定將老屋改建為酒藏。

但是去年第一次釀造時，必須使用進口的日本酒米，安東尼奧似乎為此吃了不少苦頭。他進口的日本酒米全部靠人工栽培，種植方式較特別，雖然送到了巴塞隆納，卻因為檢查證出了問題，直到隔年二月才從海關之處收到。接下來開始釀酒，經過發酵、釀造、上槽等步驟，終於在四月時順利裝瓶。

今年使用的，則是去年在加泰隆尼亞南部的埃布羅河（Ebro）三角洲收成的日本酒米「五百萬石」。日本雖然禁止將稻種運出海外，但由於他從事的是在日本與西班牙之間推廣飲食文化的工作，所以農林水產省特別允許他將兩公斤的稻種帶到加泰隆尼亞。這兩公斤的稻種最後長出了四百公斤的米，加泰隆尼亞當地終於也能種出日本米了。今年收成了兩千公斤，可望釀造出五千至一萬瓶的酒。

帶我前往的釀造研究家藤田千惠子女士，也給予安東尼奧仔細釀造的酒很高的評價。她說這款酒

1　杜氏：日本酒酒造當中負責釀酒相關事務的最高負責人或全酒造釀酒師的監督者。

2　杉玉：吊掛在酒造門口，以杉樹枝葉紮成的球狀物，用來宣布今年的新酒已經釀造完成。從綠葉逐漸轉褐的程度也可以得知新酒熟成的程度。

入口的瞬間，米麴的香氣就在口中擴散開來，這是現在日本酒所沒有的特色。但後味清爽不膩口，就像往年的正統日本酒一樣。這款酒雖然也能製成大吟釀，但安東尼奧特意將其製成濁酒，而非特級清酒。村裡有一間能夠品嘗這款酒的美食餐廳卡爾加布里耶，餐廳將這款酒當成餐後酒供應，與做為餐後甜點的當地濃厚山羊起司一起端上。山羊起司與麴香濃郁的濁酒非常合拍。

安東尼奧的酒藏所在的村莊，就位於卡第・莫休洛（Cadí-Moixeró）國立自然公園內。當地也十分期待他的酒藏能對今後的美食學旅行帶來貢獻。

3　奧斯曼迪：新銳主廚的永續美食學

北西班牙的巴斯克地方，面對著比斯開灣，擁有豐富的大自然。這裡共有四間米其林三星餐廳，其中位於畢爾包（Bilbao）近郊的奧斯曼迪，因為新銳主廚恩內克・艾夏的新型態永續美食學概念而受到矚目。

距離畢爾包機場約十分鐘車程之處，有一片綠意盎然的丘陵地帶。其中一座丘陵擁有廣大的葡萄園，餐廳就坐落於此。奧斯曼迪位在二〇〇四年成立、面積四十公頃的一座較新的酒莊哥爾加・伊薩吉雷（Gorka Izagirre）內，是一座以探求新形態美食學為概念並附設餐廳的複合式餐飲設施。艾夏也在這裡打造了巴斯克最大的種子銀行「生態綠屋」，裡面保存了四百種以上巴斯克當地植物的種子，同時栽培用於料理的香草與蔬菜。艾夏最近剛開始以巴斯克地方特有的研究開發型方式，實踐全新的農業形式。他的永續概念，以二〇一五年舉行的「永續發展高峰會」的結論文件「我們的世界改革：二〇三〇年永續發展時程表」訂出的目標為基礎。這場會議共有超過一五〇個聯合國成員國首腦參加，並訂出十七項永續發展的目標。他根據這些目標將美食學當成哲學研究，並試圖實踐研究成果。這十七項目標的原點，都是為了找回基本但已被遺忘的人類原有權利，實現舒適自在的生活。譬如第一項目標是「消除貧富不均」，第二項是「提升食物的安全與營養」。同時也為了提升永續性，而給予所有人均等的教育機會，實現男女平

永續餐廳設施「奧斯曼迪」

裝著種子的試管一字排開的「生態綠屋」

等的社會。這些目標都充滿了理想。具體做法包括利用太陽能，推動節能、環保系統的基礎建設，以大幅提升可再生能源的使用比例。

艾夏的建築依循這樣的概念，以融合巴斯克自然風光的永續環保建築為目標。他在這裡設置一間以廚房為中心，並像溫室菜園一樣，全面鋪設玻璃的箱型「綠屋」。至於餐廳與酒莊的建築外牆，則貼上這一帶取得的自然石不規則形狀石片，木造結構的大屋頂，鋪上使用天然材質的屋瓦。這些建築都根植於地域，與外側擁有廣大葡萄園的山坡完美融合，形成與自然合為一體的地景。他與當地的女性建築家攜手合作，以巴斯克的風土及氣候為第一考量。如同溫室一般的綠屋建築室內，是種植觀葉植物並擁有池塘的庭園，因此能夠有系統地控制自然環境。屋頂設置太陽能板，並整合地底蓄熱池、雨水利用、垃圾及汙水回收系統、電動車充電裝置等最新的智慧技術，實現即使引進世界最先進的環保技術系統，依然能讓人感受到巴斯克傳統文化的環保建築餐廳。最後這棟建築，也在二〇一四年以全球頂尖永續建築獲獎。

生態綠屋內的觀葉植物園，與擁有庭園的廚房及接待會場

至於料理方面，則以能讓顧客體驗巴斯克地方美食學的無上滋味與空間為第一考量。菜單以巴斯克語、西班牙語、英語的順序寫成，讓來自世界各地的顧客感受巴斯克民族的驕傲。葡萄酒、蔬菜、蛋等高品質食材，全部採收自餐廳綠屋中的有機農園，並且當場立即調理，再根據料理使用各具特色的容器盛裝，提供給顧客。

艾夏或許帶著巴斯克民族的自覺，透過實踐永續發展的哲學，找回「巴斯克的自然環繞著我們」的理想土地。這就是他主張的「世界共通的語言是食物」這種友善待人的概念。我可以從中感受到，這位主廚懷著熱情，希望與從全世界來到北西班牙巴斯克這座邊陲小鎮追求永續美食學的顧客，分享自己夢想中的未來。

4　龐迪哥・馬歇爾食品工廠：頂尖主廚創設的食品工廠

納瓦拉地方的圖德拉郊外，有一座名為香圖尼亞哥（Cintruénigo）的村莊，村子裡有一間附設美食餐廳的旅館「馬歇爾（Maher）」。這裡的老闆兼主廚恩立奎・馬丁內斯（Enrique Martinez）正因為他的革新性，而受到目前西班牙美食學界的矚目。因為他在二〇一五年，於北西班牙邊陲的小村子裡，成立了全球第一間大量生產正統美食料理的國際性餐飲企業「龐迪哥・馬歇爾食品工廠」。馬丁內斯繼承了村子裡這座從父輩開始經營的餐廳旅館，擁有三十年的主廚經驗，並獲得無數獎項，是西班牙料理界的第一人。他曾透過NH飯店的餐飲企業，在西班牙引以為傲的世界文化遺產艾斯科瑞亞修道院（Monasterio de El Escorial）中的菲利浦二世宮殿（Palacio de Felipe II）、以及阿蘭費茲宮殿（Palacio Real de Aranjuez）的NH飯店等，舉辦多場美食活動。二〇〇二年也在聖塞巴斯汀的巴斯克廚藝中心，舉辦以「將美食活動化為事業的方法」為主題的講座。除此之外，他也親自規畫、參與二〇〇四年的愛知世博會、二〇〇六年的薩拉戈薩世博會等全球許多的美食學活動。

馬丁內斯追求的是創新、外觀美麗、滋味難忘的料理。他深入解釋納瓦拉圖德拉當地傳統料理的食譜，並將其轉譯為現代風格，因此雖然創新，但也是長久不變的當地口味。他使用的最高品質當季蔬菜，採收自從北到南縱貫伊比利半島的西班牙最長河流——埃布羅河上游的肥沃土地，烹調時也隨時留意口味是否道地。成功經營美食事業的第一要訣是成本控管，這時首先必須花心思在呈現方式上。他總是使用高品質的食材，以一般人也能出得起的合理價格，提供最美味的前衛創新料理。馬丁內斯也說，在尊重傳統的同

圖德拉近郊香圖尼亞哥村的餐廳＆飯店「馬歇爾」

時，持續進化也很重要，因為我們納瓦拉人的美食學本質就源自於此。現在，他將自己這些呈現前所未有異國新風味的美食商品，以包含宴會場地布置在內的方式，有計畫且戰略性地行銷出去。婚禮等活動的餐飲服務是他從父祖輩之處繼承的家業，而他現在提供的就是其進化型。

馬丁內斯的服務展現味覺與色彩的世界，期望帶給顧客感動與難忘的體驗。而且他為了將自己追求的高品質料理推廣給更多的人，而設立了龐迪哥・馬歇爾食品公司與其工廠。工廠的樓板面積為五千兩百平方公尺，並根據馬丁內斯自己長年料理經驗所創作的食譜，以科學且合理的方式有計畫地生產。工廠內設有特別訂製的德國製電腦控制機器，因此也可說是全球第一座大型的美食研究開發工廠。這裡生產六百種美食商品，展開國際性的餐飲服務。為了以低廉的價格，大量生產高品質的美食料理商品，馬丁內斯確立了蔬菜的調理方法與保存方法，以便透過這些菜單，將蔬菜以當季最美味的狀態保存下來。他以無論何時都能使用的調理技術為最主要的考量。舉例來說，他將當地產的紅椒在最美味的時期採收下來，調理之後冷藏保存；或是以低廉的價格，大量採購形狀與色彩兼備，但風味較

馬丁內斯說明圖德拉當季的美味蔬菜

差的安達魯西亞產青椒，調理之後保存兩年以增添甘甜的美味等。正因為他擁有豐富的主廚經驗，才有辦法對蔬菜進行適當的處理。馬丁內斯以低價大量採購高品質的食材，並在實驗室以科學方式對這些食材進行研究，在最佳狀態下調理成美食產品，對於提高美食的品質總是不遺餘力。除了蔬菜之外，工廠也製作魚類、肉類、甜點等多樣化的產品。這座美食工廠的目標，就是徹底執行商業的效率性，合理地發揮功能。馬丁內斯為了達成這個目的，在公司中成立了三個集團，分別是負責冰淇淋、巧克力等甜點的「Sato Maher」，負責財務、行銷等所有商業交涉的「dividado Tools」，以及負責餐飲事業的「maher catering」。

工廠只要從肉類、蔬菜、魚類、乳製品、冷凍品等五個食材專用動線運入食材，就能使用特別訂

使用紅椒製成的圖拉德傳統料理「燉紅椒（piquillo）」

馬丁內斯說明食材品質管理檢查研究實驗室的重要性

製的電腦控制機器，根據馬丁內斯自己設計的食譜，進行蒸、煮、炸等調理。接著將食材包裝、裝瓶保存、進行溫度管理後，再送到實驗室進行口味、糖分檢查等品管。從食品生產到出貨為止的一連串流程都順暢運作。加上馬丁內斯也打造了將美食商品迅速送到世界各地的通路系統，因此其國際性美食餐飲事業的推展相當成功。公司的主要服務對象為包含外國在內的連鎖旅館與醫院集團。

5 聖塞巴斯汀與蒙德拉貢：帶來附加效果的前衛美食學教育

聖塞巴斯汀位於海岸線呈圓弧形狀的美麗沙灘「貝殼海灘」（Playa de La Concha），是一座讓全球觀光客著迷的國際觀光都市。這裡是最近流行的木籤巧食吧（木籤巧食的巴斯克語為pintxos，西班牙語則為pinchos，指的是以木籤插起的下酒小菜）的發源地，因此聚集了從世界各地來此尋求巴斯克美食的觀光客，同時也被指定為「美食文化的觀光都市」。這座城市距離法國國境約二十公里左右，十二世紀初對抗伊斯蘭勢力的收復失土運動就從這裡開始，而從法國延伸過來的四條聖地牙哥朝聖之路，也在這裡匯聚成一條。後來到了十七世紀，太陽王路易十四與西班牙公主瑪麗·泰瑞莎的結婚典禮就在此地舉行，因此在歷史上也強烈受到法國宮廷飲食文化的影響。聖塞巴斯汀的名稱是卡斯提亞語（共通西班牙語），近年取得自治權之後，地名也同時標示相同意義的巴斯克語「德諾斯提亞（Donostia）」。現在這裡將原本的語言巴斯克語當成第一語言，以自己民族為傲的意識正逐漸升高。

這座美食之都最具象徵性的舉動，就是蒙德拉貢大學在二〇一一年成立了巴斯克廚藝中心（美食學學院）。中心請來有全球料理界的天才主廚之稱的費朗・亞德里亞就任主任，並請來胡安・馬里・阿札克與恩內克・艾夏等巴斯克、加泰隆尼亞的西班牙三星主廚擔任講師，除此之外還邀請義大利料理界馬西默・博圖拉（Massimo Bottura）、法國料理界的米修・布拉斯（Michel Bras），以及日本的料理鐵人服部幸應擔任客座教授。

巴斯克廚藝中心（BCC）的校園

BCC舉行的日本飲食講座。由日本的農林水產省企畫

（照片提供：上下都由石井佳帆里女士提供）

中心成立的契機發生在二〇一〇年，這些全球頂尖主廚在當地齊聚一堂，舉辦全球主廚會議，針

對國際美食學領域與二十一世紀廚師培育為主題進行討論。這個組織的目的，除了實施追求並發展世界級美食學與料理的實習教育之外，還包括創造出研究、開發型的革新。

透過這樣的過程成立的巴斯克廚藝中心，併入以養成創業家為目的成立的蒙德拉貢大學，提出將料理教育融入大學教育的一環這個嶄新且劃時代的目標。他們將包含食材、飯店業界、美食學等，在料理廣泛的領域擁有新知識的研究者與產品開發者送進中心，藉此在知識財產領域創造新商品、新服務、新企業誕生的機會，並且帶領新的世代進入。

這所設立劃時代美食學院的蒙德拉貢大學，位在巴斯克內陸的山谷小鎮蒙德拉貢（Mondragón），地名的意思是「臥龍之山」。特異的山形名符其實，看起來就像龍的背脊。這座山麓小鎮從中世紀以前就以武器與鎧甲等金屬加工而聞名。到了近代，當地的荷西・瑪麗亞・阿里茲曼地神父為當地的年輕人開設高等工業學校，並在一九四三年以合作社的方式設立企業。這座工廠以合作社方式經營的企業輩出，最後成長為超過上百家企業組成的聯盟。其中有些甚至像家電製造商法格（Fagor），或大型連鎖超市愛羅斯基（Eroski）一樣，發展成西班牙國內數一數二的規模。但最大的企業法格公司在二〇〇八年的金融海嘯中破產，相當於股東的合作社社員深受其害，現在才終於以蒙德拉貢公司的形式重新振作起來。二〇一六年蒙德拉貢公司的財報顯示，出口工業的營收反較上一個年度增加七・四%，總營收成長五十一億歐元，其中七十一%來自出口。利潤也增加三十二・三%，相當於二・六億歐元，復活後

蒙德拉貢大學總部與讓人聯想到龍脊的山

熱鬧的蒙德拉貢市街

的蒙德拉貢公司，躍升成為西班牙的第十大企業。

一九九七年於當地設立的蒙德拉貢大學，將其前身高等工業學校、企業經營學院、人文與科學教育學院等，設於校本部蒙德拉貢，此外在畢爾包、聖塞巴斯汀等巴斯克的地方小鎮，也擁有附屬校區。接著如同前述，巴斯克廚藝中心於二〇一一年在聖塞巴斯汀校區成立。

蒙德拉貢大學的存在是巴斯克人的團結意識與進取精神的象徵，由合作社企業聯盟催生的蒙德拉貢大學是培養創業者的園地。其美食學學院巴斯克廚藝中心，找來暫時結束其實驗據點鬥牛犬餐廳的加泰隆尼亞主廚亞德里亞擔任中心主任。全球頂尖主廚在此集結，將他們擁有的技術毫不藏私地傳給未來的世代。

里斯本、波爾圖、山賊村：充滿公共精神的小型民間事業及政府的合作

宮部浩幸

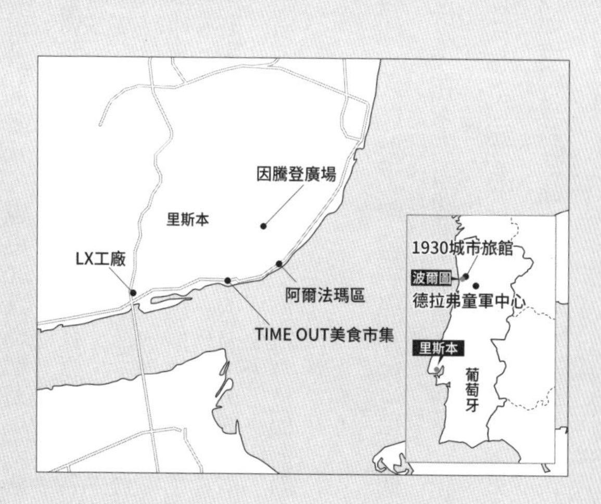

1 葡萄牙的概觀

我已經十年沒去葡萄牙了，這十年來葡萄牙的食宿變得更加多元，也更加充滿魅力。里斯本（Lisboa）的街道十年前就已經非常美，但舊市街建築三、四樓的空屋惹人注目。而現在原本遍布各處的空屋都變成青年旅館或公寓型旅館，停留在里斯本時可以享受彷彿在這裡生活的樂趣。至於飲食方面，葡萄牙料理雖然美味，但無論走進哪間店，菜色都大同小異；但這次停留時，里斯本卻增加了不少可以品嘗融合過去殖民地料理風味的特色餐廳。儘管觀光產業顯著發展，但另一方面，人們在市中心的生活，依然給我步調悠閒的感覺，這讓我深信這就是里斯本獨一無二的魅力。里斯本是如何創造出這樣的狀況，從這次的調查可以窺見端倪。

在此稍微介紹一下葡萄牙。葡萄牙是位於歐亞大陸最西端，人口一千萬人左右的小國。但這個國家在十五世紀中葉到十七世紀中葉之間的大航海時代進軍世界，在南美與非洲、東南亞等地建立範圍廣大的殖民地，創造出莫大的財富。當時的富裕，現在也以文化、空間資源的形式，大量保存下來。葡萄牙雖然創造了世界帝國的榮景，但本土與西班牙之間卻持續處於緊繃關係。一七五五年，首都里斯本在大地震中，遭到地震與海嘯的嚴重破壞，後來在龐巴爾侯爵（Marquês de Pombal）的振興下，打造了現在里斯本的雛型。這個時候為了提升耐震性而採用的木骨砌體結構稱為「龐巴林樣式（pombaline style）」，在里斯本的舊市街中心經常可以看到。十八世紀到十九世紀間，由於遭受英國與法國的侵略，葡萄牙國王走避巴西，國家也持續動盪。

到了二十世紀，從一九三〇年代到七四年的康乃馨革命[1]之間，葡萄牙一直都在薩拉查的獨裁

1 康乃馨革命（Carnation Revolution）：一九七四年四月二十五日於里斯本發動的軍事政變，目的是推翻因為拒絕放棄殖民地而導致戰爭與大量軍事花費的薩拉查政權。這場革命由中下級軍官發起、眾多平民聲援，是近代著名的和平革命。

徘徊在坡道上的人與纜車

裸露出龐巴林樣式木骨的公寓式旅館內部裝潢

政權下運行。也因為這樣，葡萄牙被排除在歐洲各國進步的近代化之外，至今依然保留特有文化的濃厚色彩。獨裁政權瓦解後，葡萄牙轉向共和制，實行殖民地解放政策，形成現在的國家。一九八〇年代，葡萄牙加盟歐洲共同體，趁勢創下高經濟成長率，但經濟成長卻在進入九〇年代後失速，直到一九九五年到二〇〇〇年之間，才在社會黨的執政下，再度創下高經濟成長率的記錄。〔1〕

我在二〇〇五年到二〇〇六年的這一年間，曾以里斯本科技大學客座教授的身分，在里斯本生活，並針對由城堡與修道院改建而成的飯店設施「迎賓館（pousada）」為對象，進行翻修與設計的相關研究。〔2〕這次的造訪距離當時已經睽違十年，雖然目的是調查地域再生及地方創生的案例，但實際上也有能與十年前進行比較的部分，因此取得了許多非常有意義的資訊。在里斯本的調查獲得我的恩師，里斯本大學的卡洛斯・迪亞斯・柯艾羅（Carlos Dias Coelho）教授，與助教賽吉歐・普恩薩（Sérgio Proença）先生的鼎力相助，波爾圖的調查則獲得建築師伊藤廉先生的大力幫忙。至於德拉弗這個邊陲中的邊陲，則必須感謝艾勒斯・馬提斯事務所（Aires Mateus）的安齋瑞

俯瞰里斯本的舊市街

穗小姐提供資訊。

2 德拉弗童軍露營中心：全部自己動手做的山賊村營地

無人居住的廢棄村落也有活用的方法。據說德拉弗（Drave）在過去是山賊居住的聚落。這個聚落建造在群山包圍的谷邊山坡，周圍沒有其他城市。據說其歷史可以追溯到十二世紀，這裡的道路沒有名字、沒有編上郵遞區號、也沒有水電瓦斯，當然手機訊號也不通，彷彿與世隔絕一樣。這樣的場所，不，或許應該說正因為是這樣的場所，才能用來當成童軍活動的營地，接受來自周邊各國的童軍團。童軍能夠透過野外活動培養活躍於社會的人才，日本人習慣分成男童軍與女童軍。

為我導覽的是童軍團的成員安娜，她指定的集合地點在距離波爾圖（Porto）大約兩小時車程的地方。集合的小鎮離聚

聚落的遠景

落似乎還很遠。我們在鎮外的停車場，改搭她駕駛的豐田「陸地巡洋艦型」四輪驅動車，開了大約三十分鐘的山路。據說發生於兩週前的森林大火將周圍的樹木全部燒毀，眼光所及之處焦黑一片，呈現出異樣的光景。最後幾公里是沒有鋪裝，岩石四散的險惡道路，普通車想必開不過去。聚落就從搖搖晃晃的車窗中映入眼簾，距離山坡遙遠的下方山谷，可以看到兩處有著小巧家屋的集合體。這些是由當地採集的石材建造而成的葡萄牙傳統家屋，從牆壁到屋頂都使用鐵平石岩板（xisto）砌成，使聚落看起來就像由周圍山壁的一部分變形而成。通往聚落的道路愈來愈狹窄險峻，我們在中途下車，最後步行將近三十分鐘的下坡山路才終於抵達。

過去的穀物倉就位在聚落的路旁

使用廢材製作的長凳

聚落由大約二十棟的住宅及小教堂組成，現在已經無人居住。最後的居民因為年事已高，而搬去與住在他處的家人共同生活，二〇〇〇年之後，這裡就成為無人居住的村莊。

舉辦童軍活動的團體德拉弗童軍中心（Drave Scout Center），在居民全部搬離的幾年前就看上這塊地方，並且開始運用。在此進行活動的是指導者與從小學低年級到二十四歲的年輕人。

據說過去有三個家族住在這裡，童軍中心向其中一個家族收購幾棟房子，親自翻修並打造成住宿場所與談話場所。廁所也靠自己的力量建造，並採用自然淨化的有機方式處理。用水方面引自附近的美麗湧泉。村子外面有一處稍微平坦的地方，他們將那裡當成田地，是重要的糧食來源。

接著就讓我們來看看這些童軍是如何運用留下的聚落。入口處是一個類似廣場的空間，並設有石板堆砌而成的長凳與石桌。據說他們某天來到這裡時，發現對面的屋牆崩塌了，於是就把這些崩塌的石材堆砌製成長凳與石桌，在屋外打造集會空間，真是驚人的廢物利用。沿著狹窄的石板坡道前進，就會看到幾棟木窗與木門已經翻新的家屋，開門之後是微暗的寬敞空間。他們將這

開會空間。天花板上掛著的是T恤

裡當成寢室使用，牆邊有自己製作的雙層床。另一棟屋子是會議空間，擺著同樣也是自製的大桌與長凳。他們還在其中一棟屋子裡打造了禱告用的祭壇。所有屋子共通的是地板下的空間，據說這個空間在過去是給家畜使用。現在他們在空間底部用大石頭排出一條引水道，下方鋪設砂石。因為聚落位於山谷，有時水會流下來，甚至流入家中，所以他們乾脆打造水流路徑。他們從家屋中領悟到不能一逕對抗自然，有時也與自然共存的傳統生活型態，並依此重新活用空間。

這個聚落的存在，靠著讓人把所有資源當成珍貴材料的環境，以及活用這些材料的智慧與技術支持。如果這個場所出現了半吊子的便利物品，又會發生什麼事呢？日本的極限聚落愈來愈多，無人居住的村落也不再事不關己。到時候我們能做些什麼、想做些什麼呢？德拉弗聚落與德拉弗童軍中心的活動，讓我們看見了希望。

3 里斯本市的住宅政策：市政府與居民共同推動的居住環境改善計畫

里斯本已經成為世界級的觀光都市。走在已是觀光名勝的舊市街上，可以看到有人從窗邊眺望街路、孩子在階梯狀的巷弄玩耍，散發出居民朝氣蓬勃的生活感。一般而言，都市觀光化之後，居民的存在感就會降低，但現在的里斯本卻是日常生活與觀光產業並存，對我們造訪者而言，是座充滿魅力的都市。

像這種人們居住的市街，該如何維持呢？我在恩師里斯本大學建築系教授卡洛斯・迪亞斯・柯艾羅，與助教賽吉歐・普恩薩的安排下，得以從前任里斯本副市長兼都市計畫局長菲力普・馬里歐・洛佩斯（Filipe Mário Lopes）口中，聽到寶貴的資訊。

菲力普・馬里歐・洛佩斯正是從一九九〇年到二〇〇〇年之間，擔當都市再生這個重要任務的負責人。他在一九九〇年就任時，里斯本的衛生環境缺乏整頓，甚至還有霍亂等傳染病。我想稍微回顧歷史，從里斯本的住宅政策開始說明這座城市是如何實現目前這樣的發展。

葡萄牙在一九七四年從過去長期持續的獨裁政權轉變成共和制，並採取殖民地解放政策，因此來自安哥拉（Angola）、莫桑比克（Moçambique）、維德角（Cabo Verde）等昔日殖民地的歸國者及移民大量湧入。當時的葡萄牙尚未做好接受他們的準備，導致里斯本舊市街周邊形成了居住環境與衛生狀態惡劣的貧民窟。

雖然當初為了解決貧民窟的問題，而在郊外建造社會住宅，

俯瞰阿爾法瑪地區（Alfama）

但居民基於工作與社群等考量而不願意搬離，使得居住環境的改善遲遲沒有進展。郊外的貧民窟對策也耽誤了市中心的發展，導致市中心開始衰退。一九六〇年是里斯本市中心人口最多的時候，當時的市中心人口為八十萬人，郊外則為一一九萬人。然而到了一九九〇年，兩者的人口分別變成六十萬人與二五〇萬人。

里斯本市於是將改善居住環境的方針，從原本的供給新建社會住宅，轉換成翻修原有住宅。市政府對民間所有者實施補助政策，針對改善居住環境的翻修給予六十五%的補助。這個政策透過活用既有的住宅存量，整頓市中心的居住環境，不僅抑制居民遷出，也成功壓低用於改善居住環境的花費。使用傳統工法翻修，只需新建社會住宅一半的花費，就能供應衛生的住宅。包含耐震補強在內，整頓七千四百件的花費只需一百三十九億歐元，費用相當合理。

市政府分別在六個預計整頓的區域成立技術辦公室，並配置二十至三十名人員。團隊由建築師、設計師、社會學家、地理學家和考古學家組成，針對各個地區的特性解決當地課題。這六個區域也包

透過窗戶的對話

含九〇年代才編入里斯本市的村莊，整頓時包含這些場所在內，小心延續繼承各個地區的地域認同。

如果因為整頓環境而發生居民一口氣替換的仕紳化(gentrification)現象，將使地域的社群瓦解。菲力普先生說：「整頓居住環境必須與居民並肩，為居民執行。」因此市政府會花時間與居民對談，摸索出能讓他們繼續住在當地的方法。居民雖然必須為了翻修工程而暫時離開，但翻修與改建相比時間較短，有助於減輕居民的負擔。至於改建如果花費太高、時間太長，居民就不得不移居他處。菲力普先生拿出一張照片，拍的是在窗邊眺望街景的老婦。他說：「她創造了城市的安全。如果這樣的人無法繼續居住，整頓就不算成功。」的確，如果沒有這些守望城市的目光，為了維持治安，城市的樣子可能會變得更封閉。城市的認同不只是建築與街景，住在那裡的人更是重要的構成要素。整頓城市時，必須以更長遠的眼光看待這些要素，並將其延續下去。

這次拜訪里斯本時，也曾漫步在被劃入整頓的阿爾法瑪地區。這個地區位於聖喬治城堡東南側的坡地上，錯綜複雜的巷弄遍布，是里斯本最古老的居住區，起源可追溯到二世紀。坡地上紅褐色的瓦屋頂與白牆家屋櫛比鱗次，雖然這裡是以美景而聞名的觀光聖地，但街路就和我十年前在此居住時一樣，充滿悠閒的生活氣氛。在窗邊眺望街景的婦人也依然健在。我走在路上時，注意到好幾棟有著CML標示的建築物，這代表建築物為市政府所有，這個街區的老屋多半成為市營住宅。活用既有住宅存量的市營住宅，與減輕民間所有者負擔，補助他們翻修以抑制租金顯著上升的政策並存。讓居民繼續居住並延續城市認同是錯綜複雜的問題，里斯本市政府似乎花了不少時間解決。

市政府眼光長遠的政策打造出居民能夠持續居住的環境，使今日的里斯本成為一座迷人的城市。但菲力普先生也說，近年來里斯本市的方針轉為追求短期成果，因此他也擔心未來的變化。期待里斯本長期醞釀而成的都市魅力，能夠在接納變化的同時繼承下來，不至於中斷。

4 LX工廠：新創企業的工廠群再生

里斯本舊市街西南部的太加斯河（Tejo）上，有一座橫跨兩岸的巨大橋梁，名為「四二五大橋」。橋墩下曾經是許多工廠林立的工業區，現在幾乎所有的工廠都停工了。雖然部分地帶在進行都更後建造了新的集合住宅，但仍有一些工廠以廢墟的狀態保留下來。這樣的地帶稱為「棕地（brownfield land）」，這次造訪的LX工廠，就建造在棕地的一角。咖啡店、餐廳、生活小物等文化敏感度高的各式商店在此聚集，一到假日就成為遊客眾多的熱鬧場所。

各式商店林立在橋墩下的廢棄工廠

賽吉歐助教陪我一同前往，經他提醒我才發現，我似乎在十年前就曾來過這裡。當時我曾在廢棄工廠看過時裝秀，而這裡就是當初舉辦的地方。雖然建築物的外觀幾乎沒有改變，但因為氣氛截然不同，所以我沒有發現。現在回頭來看，創意精神或許從當時就已經在這個工廠群紮根。直到十幾年前，不動產開發商〔3〕還試圖在這裡執行都市更新計畫，他們似乎想要拆掉工廠群，在這裡建造三座高塔。但市政府當局不願意發放許可，導致計畫突然終止。那時正是這個場地暫時被用來舉辦時裝秀等活動的時期。

至於發展成目前樣貌的歷程，就要從二〇〇七年說起了。不動產開發商在殘存工廠群的一角打造出共同工作空間，逐漸有服飾業者與出版社等公司進駐。〔4〕共同工作空間形成之後，這個原本杳無人

鋸齒形屋頂的工廠現在變成商店

屋外也能享受購買飲食的樂趣

煙的場所開始有創意工作者出入，有人在這個過程中，從依然無人使用的工廠空間看見新的可能性，希望在廠區內面對道路的空間開店。咖啡店、服飾店、美容院、工作室兼生活小物店等店鋪一一開幕。其中特別引人矚目的是印刷工廠改建而成的書店保留了工廠內的巨大輪轉印刷機，形成一個由書本環繞印刷機的空間。這個從印刷工廠變成印刷物販賣空間的大膽轉用，滿溢著同時放眼過去與未來的豐富故事性。印刷機差不多有三層樓高，維修通道的一邊成為書架，內部則嵌入販賣小東西與飲品的空間。現在雖然是隨時隨地都可透過亞馬遜等網路書店買書的時代，但這間書店二手書與新書夾雜販賣的商品結構，與不可思議的空間相輔相成，散發出讓人想要特意來此選購書本的魅力。

高聳至天花板的輪轉印刷機

上述這些迷人的軟體內容，能促使更多的內容流入。現在不僅有相當美味的餐廳在此開業，路旁也會定期舉行類似跳蚤市場的活動。進駐共同工作空間的人成為最初的軟體內容，他們吸引後續的內容進入，讓工廠群成為文化的傳播據點。商店的活動滲透到廠區內的道路，人們來來去去，使街景散發出人情氣息。這是一個軟體內容與活動使用豐富的空間資源，累積微小的變化，為街道打造出全新活力的絕佳案例。

5 一樓計畫：年輕建築師與人類學家主導從一樓展開的街道再生

里斯本舊市街的某個區域，原本充滿了空屋與空店面，而「一樓計畫（Rés do Chão project）」就是透過集中活化這個區域的一樓，以尋求街道再生的團體。推動這個計畫的是四位年輕建築師與一名人類學

充滿空店面的區域

一樓計畫的事務所

家。他們活躍的區域，正巧就是我十年前住過的地方。住在這個區域，前往日用品店購買桶裝瓦斯是家常便飯，所以我也曾買下沉重的瓦斯桶，氣喘吁吁地搬上坡道。對我而言充滿回憶的日用品店，現在也變成空店面了。根據他們的調查，二〇一三年時，里斯本的商店以一天十六間的速度倒閉。這個地區也有相當比例的路面店停業。

他們認為，既然想要活化街區，那麼同樣的資源與其挹注到其他樓層，還不如用來翻新一樓，也就是路面空間，更能在經濟面或社群面帶給街區最大的回饋。以這個發想為基礎擬定的計畫，在古爾班基安基金會（Gulbenkian Foundatio）主辦的比賽中獲得一等獎，他們便以獎金為資金著手實現計畫。

一樓計畫的活動從在區域內設置據點開始，並且對想出售店面卻賣不掉的路面店所有者提議，空店面由他們自己翻修，而他們也會以新使用者的身分進駐，藉此刺激店面的買氣。雙方之間於是達成

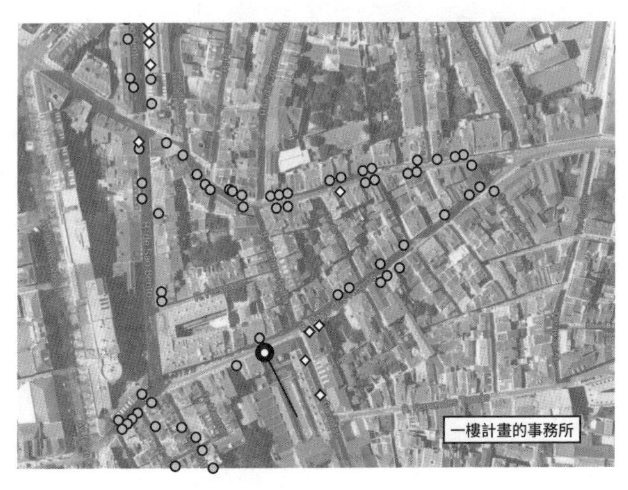

○是空店面，◇是可進駐的店面（圖版提供：一樓計畫）

協議，他們還說服所有者在工程期間暫緩徵收租金，計畫就在這樣的條件下展開。他們的活動開始之後，店面找到買家，所有者也達成目的。至於一樓計畫的據點也兼做共享辦公室與快閃商店，因此經常舉行活動。

他們在這裡的主要任務有四。第一項任務是一樓空店面的租賃支援服務。他們為想開店的年輕人，與空店鋪所有者進行媒合。他們說服九間空店面的所有者支援這項計畫，其中五間在二〇一四年找到新的使用者進駐，到了二〇一六年四月，所有的店面都開始運作。第二項任務是經營共享辦公室與快閃商店。如同前述，這兩項設施與他們在區域內的事務所併設。贊同一樓計畫，並且開設新店鋪的人也能使用這個場所，這對想開店的人而言成為一個誘因。第三項任務則是宣傳這個區域的商店。宣傳對象不只新店鋪，原有的店鋪也包含在內。他們製作介紹這個區域的手冊，串聯新店鋪與原有店鋪，恢復地域的社群。第四項任務則是提出活用公共空間的建議並實踐。他們使用一部分的道路停車格，打造人們可以逗留的空間，並且舉辦「小小公園

新開的店鋪

（Parklet）」的活動，加深地域社群的連結。這也是他們在缺乏公共空間的店面前方街道上，進行打造公共空間的嘗試。

他們活動的區域，也有二樓以上的空屋，但他們在活化萎靡的街區時看上路面店，認為這會是效果最好的場所。他們的選擇與資源集中的策略十分出色。因為贊同一樓活動而來這裡的新店鋪，擁有此地獨一無二的魅力，讓這個區域的期望值逐漸提升。如此一來，就能逐漸建立更多人想來這裡開店的良性循環。就區域再生的考量而言，這可說是十分成功的不動產租賃支援服務，也是將原有店鋪帶進來的社群再生。一樓計畫結合了不動產、建築設計與社群活動這三者，打造出未來的時代所追求的活動型態。

期待他們從一樓開始的街區再生，能夠持續發展下去。

6 TIME OUT美食市集：全球性的在地媒體打造公設市場的美食廣場

里斯本舊市街西南方的太加斯河畔，是郊外電車終點站蘇德萊碼頭站（Cais do Sodré）的所在地，里貝拉市場（La Ribera Market）就位在車站前。這座市場自十九世紀以來就是里斯本繁榮的綜合市場，其正面外觀左右對稱，中央蓋著可愛圓屋頂，一直都是市民熟悉的景象。二〇一四年，這座市場一半的空間搖身一變，成為美食廣場「TIME OUT美食市集」。事業主體TIME OUT，是在全球展開的在地型旅遊指南媒體。

今天我們看到的里貝拉市場雖然建於一八八二年，但日後經過多次增建改建，直到一九三〇年才成為現在所見的樣貌。二〇〇〇年郊外興建了大型市場後，這裡就結束其身為里斯本主要市場的任務。市場的部分空間用來舉辦活動，其餘的部分則成為周遭區域的人購買食材的場所。二〇一〇年，市政府主辦關於里貝拉市場活用計畫的比稿活動，並由TIME OUT里斯本團隊取得勝利，TIME OUT美食市集的計畫於是開始啟動。

里貝拉市場有兩個寬

外觀與從前並無二致

活用市場大空間的設計

敞的大廳，其中一個直接繼承原本的市場，另一個大廳與周圍空間，則透過全新的活動改頭換面。

接著就讓我們來看改造成美食廣場的大廳。覆蓋著大跨徑鋼骨桁架的屋頂，裡頭則擺著設計方正的木製桌椅。我在平日的白天與傍晚多次來到此地觀察，發現有非常多樣的人根據自己的步調來此品嘗美食。有觀光客，也有帶著孩子的當地家庭，中午還會出現身穿西裝的上班族。支撐屋頂的柱子與柱子之間，各自有不同的商店進駐，櫃台整齊排列。一共有二十四間餐廳、八間酒吧與十二間店鋪。TIME OUT找來的真不愧是里斯本的一流商店，每間都各具特色，品質也在水準之上。我嘗試了大約四間餐廳，都能從他們端上的料理感受到創造性，讓我想要再度造訪，試試其他菜色。蒐羅葡萄牙產商品的複合品牌商店「葡萄牙生活（A Vida Portuguesa）」，挑選的商品也相當講究。

這裡的魅力不只大廳。繞到挨著柱子排列的店家後方，就能看到整排可以坐在吧台用餐的美食攤位。原來這裡的店鋪有兩面，一面對著大廳的美食廣場，另一面則是吧台式的美食攤位。來到這裡不

里斯本的名店成排

僅可以享用各式美味，還能選擇用餐型態。我們在美食家柯艾羅教授的帶領下，在一間海鮮料理攤位的吧台坐下來用餐。廚師是一名女性，我們在她的推薦下點了稍微炙烤的沙丁魚握壽司。炙烤過的魚肉散發誘人香氣，非常美味。握著壽司的廚師的另一邊，可以看見美食廣場大廳蓬勃的朝氣。我們在這裡度過了非常愉快的時光。

這裡的魅力不是只有餐飲與購物。大廳一角擺著廚房器材，問了之後才知道，培養廚師的專科學校也會到這裡實習，有時還會招待客人品嘗實習製作的料理。這座市場不只聚集優秀的內容，也試圖創造出新的內容。

媒體介紹內容是理所當然，但TIME OUT卻將實體店鋪當成內容編輯，打造聚集人群的場所，甚至在這裡創造出新的內容。來到這裡，可以遇到許多令人興奮的事物。這座市場也是融合學習與美食學的場域，希望大家也能注意到這一面。

7　因騰登廣場：民間順應政府整頓而成功再生的廣場

距離里斯本舊市街中心不遠的因騰登廣場，位於歷史不下於阿爾法瑪區的古老區域莫拉里亞（Mouraria）。這個街區的歷史也可追溯到二世紀，但十年前左右卻是治安惡劣而惡名昭彰的區域。過去這裡有很多如同廢墟一般的空屋，瀰漫著肅殺的氣氛，朋友也警告我：「最好不要太靠近那個區域。」過了十年之後，我聽說這裡搖身一變成為人們休憩的場所，便前去看看。

結果從前像停車場一樣停滿車輛的乏味廣場，現在卻美到令人刮目相看。咖啡館在寬敞的步道上擺出桌椅，坐在那裡的人閒適隨興。面對廣場的建築物雖然沒有全部翻新，但也經過整修，還開了咖啡館、青年旅舍、講究的自行車行。在TIME OUT美食市集中也設有店面的熱門生活用品店——葡萄牙生活，也在這裡開了一間大型店鋪。

這座廣場呈現狹長的平面狀，看似由班弗莫索（Benformoso）這條狹窄的道路擴大而成。帕爾瑪（Palma）大道上也有一個通往廣場的入口。過去大道入口附近的樹木枝葉繁茂，像是要隱藏廣場的存在，更加助長蕭條的氣氛。市政府在二〇一二年整修時，將過於茂盛的樹木遷移，讓人從大道就能直接看見廣場。〔5〕如此一來，廣場在市街中的存在感就變得相當強烈。除此之外，市政府也大膽地將原本停滿車輛的廣場，改良成適合步行者的狀態。他們限制車輛進入的範圍，在大部分的空間仔細鋪設大理石步道，並在一角設置噴水池

重生的廣場

與植栽造景。原本惡名昭彰的場所，搖身一變成為氣氛明朗的都市空間。

廣場上的建築物原本殘破不堪，面對一樓的開口也以磚塊等封閉起來，但隨著廣場整修，這些建築物也出現變化。建築物的一樓開始對廣場開放，店家在一樓設置櫥窗，咖啡館也在廣場擺放桌椅。廣場的整頓由政府實施，但之後的建築物整頓卻由民間進行。

以里斯本街道為研究主題的助教賽吉歐表示，廣場的整修與日後店面及青年旅館的開設，似乎也逐漸改善這個區域的印象。

雖然地點與旨趣完全不同，但我發現自己在大阪也看到類似的狀況。政府整頓了道

面對廣場的咖啡店

「葡萄牙生活」店內

頓堀[2]水邊的公共空間後，原本背對河川的建築物一樓，轉為朝向水邊開放，變成餐廳林立的空間。

無論在哪個國家，也無論當地人們擁有什麼樣的文化，只要打造出舒適的公共空間，建築物也會隨之朝這個空間開放，為街區帶來蓬勃的活力。

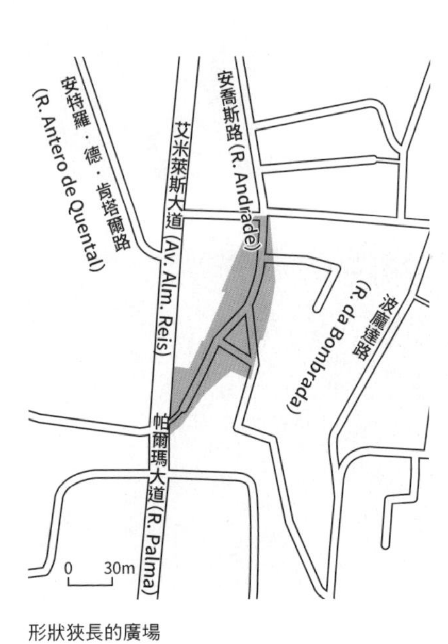

形狀狹長的廣場

8 伊藤廉的整修計畫：透過空間設計解決地域課題的建築師

從里斯本搭乘高速列車往北前進，大約兩個半小時就能抵達葡萄牙的第二大都市波爾圖（Porto），這裡是建築師伊藤廉先生活躍的地方。波爾圖酒的酒莊聚集在斗羅河（Douro）河畔，這裡美麗的舊市街相當吸引目光。這座被指定為世界遺產的城市，有河畔的餐廳、林立在陡坡巷弄的繽紛店家、以龐大拱形結構橫跨兩岸的鐵橋等等，經典美景寫之不盡。伊藤先生出身自建築巨匠阿爾瓦羅・西塞（Álvaro

Siza）的事務所，他打造出的空間承襲自師父的端正，但又能給人說不出的溫暖感受。我在整建設計時，也學習葡萄牙建築師的手法，在尊重老建築特徵的同時，也透過新舊調和創造豐富的整體性，而伊藤先生身上也流淌著與曾參考的建築師相同的精神。

伊藤先生曾參與大眾建築的再活用計畫，所以我才會在這次的調查中，委託他介紹幾個老屋改造的案例。這些大眾建築遍布市街，而我想知道市街的人發揮創意活用住宅存量的事

2　道頓堀：位於日本大阪市的一條運河。兩旁是繁華的商業區，河邊的螃蟹道樂（かに道楽）招牌及固力果看板堪稱代表大阪的最著名街景。

1930城市旅館的外觀（照片提供：伊藤廉）

伊藤先生與達加米拉女士

業，有著什麼樣的背景，所以前來拜訪他。

伊藤先生為我介紹的幾個他經手的案例，都離事務所很近。我們前往的途中，伊藤先生好幾次被街上的人叫住，停下來交談。這幅情景讓我充分感受到，他在工作的同時，也融入這片距離日本遙遠的土地。我透過參觀案例，了解到他身為社群建築師的一面，也看見他靠著隨和的個性與出色的設計能力，解決地域與生活的困難。本書在此介紹兩個案例。

第一個造訪的案例是由住宅整建而成的小旅館「1930城市旅館（1930 City Lodge）」。這座旅館位在舊市街往東北延伸的道路旁，也是我們住宿的地方。外觀除了活用窗台等花崗岩打造的原有部分，也貼上焦糖色的磁磚。這棟略為艷麗的建築物，在融入街景的同時，也展現出新的活力。

共用的起居室兼餐廳（照片提供：伊藤廉）

內部則完全重新改造，隔出三間個人房，與最多可住六人的宿舍式通鋪，並設有可供住宿者使用的廚房與交誼廳。天氣好的時候，也可以在交誼廳外種植草皮的後院度過悠閒時光。

我們到訪的時候，老闆娘達加米拉出來迎接。等到完成入住手續，大致聽完住宿介紹後，我便邀請她接受訪談。

我問達加米拉為什麼會開始經營這間旅館，她給我的回答則相當耐人尋味，她說想要自己創造工作的場所。她是一名三十多歲，正在養育孩子的媽媽，但在葡萄牙，如果因為生產或育兒而暫時離開職場，就很難再回去了，尤其過了三十歲更是困難。她為了一邊帶小孩，一邊在離家近的地方工作，於是打造出這間旅館。她買下出售中的住宅，並且進行改造。開業時除了老公的贊助，似乎也有向銀行貸款。她透過當地工班的介紹認識了伊藤先生，並委託他進行設計。旅館開業後由達加米拉自己經營，早餐時段則雇用一名員工幫忙接待。

我們在這裡住了兩個晚上，獲得了如同生活在這座城市的體驗。從調查的地方回到旅館後，便前往附近的超市採購，使用奢侈的共用廚房做些簡單的料理，在餐廳圍著餐桌吃飯。彷彿家一般的感覺，讓我們度過了輕鬆的片刻時光。這樣的體驗，絕對符合老闆娘與伊藤先生想要傳達的概念。

第二個案例是住宅區內，一間名為「智慧（Sabiamente）」的補習班兼課後輔導機構，這個案例也是住宅的轉用。這間機構由私人經營，同時提供教當地人的語言教育、為了葡萄牙至今依然為數眾多的文盲規劃的教育、以及小學生放學之後的安親服務。

從馬路走進建築物後，就是櫃台所在的空間，來接孩子的母親在此談天說笑。從這個空間往內走，登上階梯後，就能看到小小的教室，階梯的最上方設有天窗，明亮的光線由此照射進來。

葡萄牙也和日本一樣有許多雙薪家庭，但育兒環境卻不一定稱得上充實。這裡的學童安親服務，似乎也是在當地人的要求之下開設。附帶一提，伊藤先生也曾在這裡學葡萄牙語，並在那個時候與老闆變熟，因此在擴建設施時就委託他來設計。

智慧補習班使用定向纖維板的內部裝潢

據伊藤先生表示，葡萄牙的經濟狀況絕對不富裕，大部分想在這裡創辦小型事業的業主，資金都極為有限，所以他們會選擇活用低價販賣的老屋。在整頓空間方面也要求低花費，因此只能將打造牆壁時使用的結構材，或是將一般使用於結構材的定向纖維板〔6〕等便宜材料，當成裝潢、家具與照明器具的裝飾材使用，並透過設計與舊有部分進行調和。我聽了伊藤先生的這番話，並參觀過案例後，充分理解到活用老屋及舊有部分，是一種能夠提升投資效果的手法。

試圖親自動手解決地域與生活困境的強大意志、活用便宜老屋的智慧，以及利用設計能力實現其事業的建築家，這樣的構圖似乎也能成為日本寶貴的參考。

5

都柏林與美食漁港：
美食學與學習之旅

漆原弘

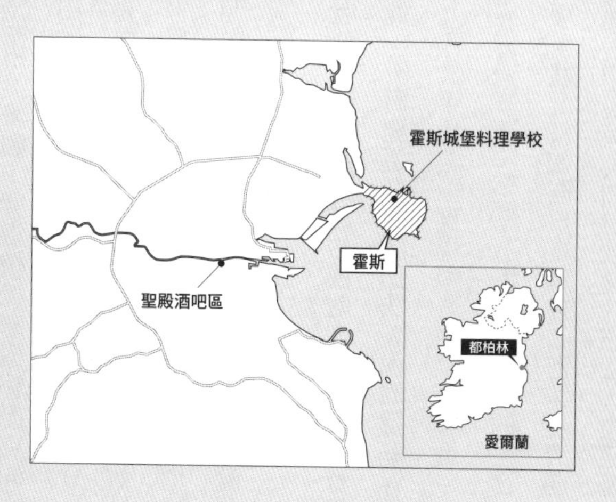

1 愛爾蘭的概觀

愛爾蘭位於歐洲邊境，面對大西洋。這座島國擁有美麗的自然景觀，與根植於塞爾特歷史的文化，一直以來都讓許多人著迷，尤其是諾貝爾文學獎得主輩出的文學、愛爾蘭音樂與舞蹈，以及U2、恩雅等為現代音樂界帶來豐富色彩的歌手等等。愛爾蘭雖然是歐洲小國，在這個世界卻擁有難以估量的存在感。料理也是愛爾蘭的魅力之一，但提到這點的人似乎很少。就歷史來看，愛爾蘭在十九世紀經歷過飢荒，因此不難想像其飲食文化與歐洲其他國家相比明顯缺乏變化，但這個狀況也隨著愛爾蘭的經濟發展而有了大幅度的改變。

愛爾蘭在一九七三年加入歐盟的前身歐洲共同體，後來就使用歐洲共同體的補助金積極打造資訊基礎設備，努力強化IT與製藥等尖端技術的勞動力。不僅如此，愛爾蘭還祭出降低法人稅的稅率等誘因，積極吸引海外高科技產業與服務業前來投資，終於在一九八〇年代之後實現顯著的經濟成長。一九九〇年代時，愛爾蘭甚至還因為這樣的經濟奇蹟而被稱為「塞爾特之虎（Celtic Tiger）」。人們的生活水準隨著這樣的變化而大幅提升，股價與不動產價格也同時飛漲，狀況就如同日本過去的泡沫經濟期。這段時期，許多高級餐廳在都柏林（Dublin）與科克（Cork）等大都市開張，人們對飲食的想法，也隨著海外旅行增加而變得更多樣化。然而二〇〇七年不動產的泡沫破滅，愛爾蘭的經濟也陷入嚴重危機。二〇〇八年的歐債危機之際，愛爾蘭與葡萄牙及希臘一同接受歐盟提供的經濟援助，後來終於在政府主導的財政重整下，從危機狀況脫離出來，現在正持續穩健的經濟發展〔1〕。

愛爾蘭現在已經克服經濟危機，而人們的嗜好，也從過去泡沫經濟期的消費活動，轉向根植於實際生活，並以充實生活為目標的消費活動。這樣的趨勢，也出現在近年愛爾蘭人對於飲食品味的改變上。舉例來說，他們不只在餐廳用餐，也對餐廳的食材來源產生興趣，進一步體驗活用食材原味的新菜色；或是前往市場挑選產地直送的食材，自己使用這些食材烹調料理。換句話說，愛爾蘭人的飲食品味，正朝著以更廣義的脈絡理解、體驗飲食的方向改變。當然也不難想像，配合這股潮流的新事業應運而生，更加強化了潮流的力道。接下來將透過都柏林市內與都柏林郊外的霍斯（Howth）的案例，探討愛爾蘭的新飲食潮流，以及在這股潮流下誕生的新創事業。

2 聖殿酒吧區：打造讓新創企業可以持續經營的城市

說到都柏林最有活力，聚集最多觀光客與當地人的地區，當屬聖殿酒吧區（Temple Bar）了。聖殿酒吧區位於都柏林中心，介於利菲河（River Liffey）與三一學院（Trinity College）之間。在這個面積大約二十八英畝的區域內，聚集了許多酒吧、餐廳、劇院以及電影院等，總是充滿熱鬧的人潮。除此之外，這個區域也以擁有許多藝術家工作室及藝廊而聞名，一年到頭都會舉辦許多藝術相關活動，堪稱都柏林新文化的中心。除此之外，個性與獨特性不下於藝廊的許多店鋪與餐廳，也讓這個區域更添魅力。不過很難想像，現在充滿活力的聖殿酒吧區，在一九九一年展開都更之前，曾是充滿空屋與空地的廢墟。

聖殿酒吧區的許多土地，都屬於經營愛爾蘭的鐵道與巴士等大眾運輸機構的國營企業CIE〔2〕所有。CIE在一九八〇年代末期，曾發表在聖殿酒吧區打造大規模巴士總站的計畫，而反對這項計畫的當地居民與都柏林市，在一九九〇年自行擬定聖殿酒吧區的都更計畫。中央政府除了給予聖殿酒吧區都更計畫補助金，也修法使都更得以進行〔3〕。

這項都更計畫的目標，是在保留聖殿酒吧區歷史遺產的同時，也將這裡開發成住商混合，劇院、藝廊、藝術家聚集的緊密城市，使這裡成為都柏林的新藝術中心。都柏林市於是招攬劇院及藝廊進駐，建設藝術家工作室、以及能夠從事戶外藝術活動並且聚集人群的公共場所、積極向餐廳與店鋪招商，同時也增加區域內的住宅，企圖發展成居民生活的場所。

聖殿酒吧區以上述基於藝術的都更而聞名，而在實際擬定開發計畫時成為目光焦點的，則是由反對巴士總站的當地居民、在當地活動的藝術家、在聖殿酒吧區經營小規模事業的業主，和個人商店的老闆等組成的「聖殿酒吧區都市發展協議會」〔4〕。這個協議會在決定日後的開發方向時，握有極大的影響力。因為像這種都市地區的開發，往往會為了創造長期雇用機會，和取得穩定的租金收入，而招攬大規模的商業設施進駐以做為開發的核心，但這裡卻遵循發展協議會的意願，以當地藝術家與原有個人商店老闆等小規模事業的業主為中心。

不僅如此，都更後依然在聖殿酒吧區活動的餐廳、店鋪、以及經營藝術相關事業的業主，也組成了名為TASCQ〔5〕的團體。這個團體除了協助彼此的事業，也為聖殿酒吧區的觀光客製作地圖，策畫並舉辦各式各樣的活動，讓整個區域能夠共襄盛舉。

由此可知，聖殿酒吧區的開發雖然由政府主導，但依然以小型事業為主體，也為這些小型事業打造了支援系統。這樣的地方能夠成為創造性事業起步的場域，也不是什麼值得驚奇的事情。二〇一五年在聖殿酒吧區開幕的「庫羅（Klaw）」餐廳〔6〕，也是這裡的新創企業

聖殿酒吧區的街景

「庫羅」餐廳（Klaw）的料理

之一。庫羅是由狹長小巧的店鋪整建而成的海鮮餐廳，店內裝潢簡潔，只有吧台式座位與吧台後方的開放式廚房。這間餐廳供應的餐點不侷限於傳統的調理方法，烹調時盡可能活用新鮮海產的食材特徵，沒多久便佳評如潮，現在已經成為都柏林評價數一數二，供應優質海鮮料理的餐廳。除此之外，從餐廳裸露的天花板，與使用廢棄鋼管的照明設備等內部裝潢，也能看出其不受限於傳統的態度。聖殿酒吧區能有這樣的餐廳開幕，或許正可歸功於其以藝術為代表的創意環境。很明顯地，孕育出這些獨特餐廳與小型事業的環境，正是實現這個地區的永續發展與加深其魅力的要素。

庫羅餐廳的外觀

3 霍斯：從當地產業中誕生的美食小鎮

提到愛爾蘭因美食而聞名的小鎮，金塞爾（Kinsale）就是最知名的例子。金塞爾距離愛爾蘭的第二大城科克大約三十分鐘的車程，這座位於海邊的小鎮風光明媚，同時也是通往愛爾蘭西南端廣大自然公園的大門，從以前就是愛爾蘭人熟悉的場所。一九七〇年代初期，金塞爾市內的幾間餐廳，為了提升彼此的品質與招攬觀光客而互相合作，成立金塞爾美食社團，並在一九七六年與當地的飯店及志工一起舉辦了第一場美食嘉年華。後來參加美食嘉年華的人一年比一年多，而觀光客的人數增加，也促使品質更高的餐廳往金塞爾聚集，使得這座小鎮一年到頭都充滿熱鬧的人潮。每年十月舉辦的美食嘉年華在二〇一六年迎向四十周年，現在已經成為愛爾蘭代表性的活動，除了愛爾蘭本地之外，也有許多來自英國、歐洲、甚至美國的觀光客造訪。現在愛爾蘭國內每年都會舉辦將近五十場的美食嘉年華[7]，到處都不乏類似的地域振興案例。但位於都柏林郊外，近年來以美食小鎮而受到矚目的霍斯，走的卻是不同於上述這些

從霍斯碼頭眺望小鎮

霍斯碼頭

地域的發展道路，當我們探討現在的愛爾蘭飲食與新創企業的關係時，霍斯的案例值得關注。

霍斯位於都柏林北方，距離市內十五公里，是郊外電車的終點站。地處都柏林灣北端的霍斯，以霍斯城堡、遊艇港，以及小規模卻充滿朝氣的漁港而聞名。近年來也因為通往都柏林的便利交通，以及將都柏林灣盡收眼底的美景，成為時尚住宅林立的高級住宅區。漁港位在距離霍斯車站步行數分鐘的地方，許多漁船在此停靠，碼頭有市場、海產加工廠、漁船的修理工廠與販賣漁網的商店等等。近年來碼頭周邊出現了許多餐廳與販賣鮮魚及海產的商店，不少人從都柏林或郊外前來，使這裡成為一座美食小鎮。

位於碼頭的商店

這裡多數的餐廳與食品店都有一個特徵，那就是與當地的漁業者或海產加工廠等有直接關係。舉例來說，在當地也頗受好評的塔帕斯餐廳（供應西班牙風小菜的餐廳）「章魚仔（Octopussy）」，就由代代在當地從事漁業的德蘭（Doran）家族經營。他們擁有漁船，也在這座碼頭擁有代代相傳的海產加工廠，每天出海捕撈的新鮮漁獲除了批發到市場之外，也會運到工廠加工。加工廠面對馬路的一角則是商店，剛捕撈上岸的漁獲、自己加工的海產就直接在這間店販賣。近年，他們也在商店隔壁開設了一間餐廳，供應自己捕撈的新鮮漁獲，這間餐廳就是章魚仔。餐廳供應的料理不拘泥於傳統，烹調的目的是引出海鮮的原味。實際走進這間餐廳就會發現，桌上除了紅酒醋與橄欖油之外，還擺著醬油瓶，實在令人驚訝，但這也如實展現出餐廳不受限於既有料理的態度。碼頭林立的餐廳與店鋪，多數都像章魚仔一樣，從當地漁業或海產加工廠等在地產業發展而來，供應的也都只有當地取得的新鮮食材，相當值得深思。

霍斯的特徵在於，這裡的發展不像金塞爾那樣懷著振興地域的目的刻意為之，而是當地的漁業等產業順著愛爾蘭飲食喜好的變化自然形成。我想這點對於日後探討飲食與地域發展之間的關係時，可以帶來新的啟示。

4　霍斯城堡料理學校：一般人也能體驗的學習之旅

英國與愛爾蘭都保留了許多過去的貴族或大地主建造的豪華宅邸——莊園之屋（manor house）。近年來也有不少莊園之屋開放給一

章魚仔的外觀

般人參觀，極其盡奢華的內部裝潢、建築物內外的大量藝術品、以及廣大的庭園等等，不只吸引到英國與愛爾蘭本地的遊客，也吸引了許多世界各地的觀光客前來。但很明顯地，這些巨大宅邸的維護管理需要龐大費用，不難想像現在許多莊園之屋經營起來都很辛苦。屋主為了保存宅邸而進行了各式各樣的嘗試，有些將屋舍與部分庭園開放參觀並收取費用，以收益來負擔維護費，有些則將建築物轉讓給英格蘭遺產委員會〔8〕[1]之類的NPO團體，或委託他們進行管理，但其中也有人將宅邸賣給地產開發業者，改建成飯店或高爾夫球場，也有宅邸因為找不到買家而荒蕪。還有不少莊園之屋的主人在這樣的狀況下，活用各自繼承的遺產，挑戰新的事業。〔9〕其中位於霍斯鎮的霍斯城堡（Howth Castle），在莊園之屋開設料理學校，打造一般人體驗飲食文化的場所，其案例相當耐人尋味。

愛爾蘭近年出現了好幾間以體驗飲食文化為概念的料理學校，其中最著名的，當屬位於愛爾蘭西南部，科克市郊外的巴利馬洛料理學校（The Ballymaloe Cookery School）。一九八三年，因電視的料理節目，與數量龐大的食譜書而聲名大噪的愛爾蘭名廚達麗娜・艾倫（Darina Allen），在科克郊外占地廣大、

霍斯城堡的正面入口

歷史悠久的宅邸創辦了這間料理學校。這裡不只提供各種由專家開設的烹飪課程，還一併設置豪華的住宿設施與餐廳等等，一般人也能來此住宿、向達麗娜・艾倫學習烹飪技術，和在餐廳品嘗美食，是一座提供複合式飲食體驗的場所，因此也很受一般人歡迎。但位於霍斯城堡中的霍斯城堡料理學校（Howth Castle Cookery School），則能帶給一般人更廣泛的飲食體驗，讓我們看見新型態料理學校的可能性。

霍斯城堡建造於十二世紀，擁有悠久的歷史，儘管其樣貌改變，聖羅倫斯（St Lawrence）家族依然將這座城堡當成住居持續使用至今。現在城堡主人活用其廣大的腹地進行各種事業，譬如經營高爾夫球場、在宅邸的大廳或庭園舉辦活動，而料理學校也是其事業之一。料理學校始於二〇〇八年，當初創辦時有一個目標，那就是希望學校能夠不受傳統料理方法的限制，讓一般人也能享受料理的樂趣。因此學校將重點擺在幫助一般人以寬廣的視

1　英格蘭遺產委員會（English Heritage）：正式名稱為「英格蘭歷史建築暨遺跡委員會」，是個非政府公共機構，負責保護和營運歷史建物或環境。

霍斯城堡料理學校的外觀

野享受料理，譬如使用天然食材，並活用其特徵的調理方式、或是嘗試世界各國的美食等等。舉例來說，為初學者開設的料理教室，會從刀具的使用方式、煮蛋的方式等一般料理教室不會說明的基本事項教起。或是實施透過體驗去理解食材的種類與特徵的企畫，譬如清晨從霍斯漁港搭乘漁船出海捕魚，使用捕到的魚製作料理（為了避免在捕不到魚的時候無法調理，廚房也會準備前一天捕到的魚）。除此之外，學校也會教學員試著使用當地食材製作泰國、墨西哥、日本等世界各國的料理。霍斯城堡料理學校不僅傳授料理的製作方式，也嘗試透過食材與世界文化等廣泛的脈絡享受料理。經理芬恩（Finn）女士，如此說明開設這種料理教室的意義：

「愈來愈多愛爾蘭人不在家裡做菜，使得料理的傳統在愛爾蘭一度中斷。但我們將從零開始，重新打造飲食文化。」

這所料理學校的另一項魅力，就是可以在歷史悠久的廚房製作料理。廚房的建築物據判斷大約建造於一七五〇年左右，一九一一年英國建築師艾德溫．盧泰恩斯（Edwin Lutyens）〔10〕在大幅改建、增建霍斯城堡之際，將其改造成現在的樣貌。進入廚房之後，可以看到為了料理教室而新設置的流理台，

料理學校中的樣子

以及成排的烤箱等料理器具，牆邊有著從過去使用至今的巨大鑄鐵製烤爐與石臼，並裝飾著雕刻與繪畫。設置在牆邊的巨大櫥櫃，將廚房過去的樣子流傳下來。屋頂設置了採光兼透氣的天窗（cupola），陽光透過天窗從天花板照進來，創造出明亮的氣氛。這所與霍斯關係緊密的料理學校，無疑增添了霍斯的魅力。

格拉斯哥：藝術與商業的融合

漆原弘

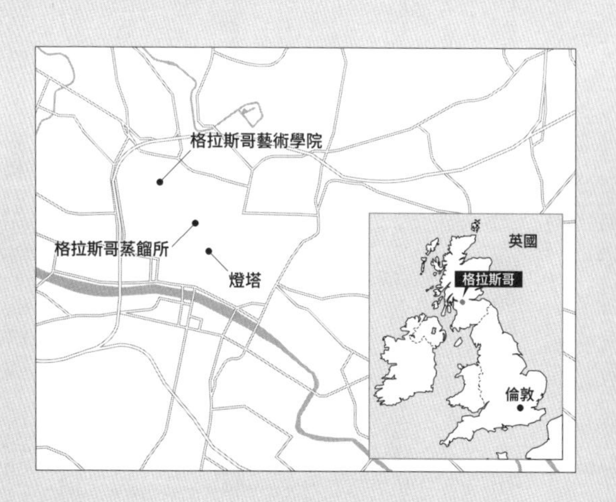

1 蘇格蘭的概觀

蘇格蘭的文化承襲自塞爾特民族，具有獨特的魅力。儘管身為英國的一部分，蘇格蘭人依然持續守護其文化，保持堅定的身分認同。蘇格蘭在二〇一二年舉行的獨立公投仍讓大家記憶猶新，最後雖然以些微差距決定留在英國，但這絕不代表蘇格蘭不再有自主獨立的機會。格拉斯哥是蘇格蘭的最大都市，也是經濟中心。這座充滿活力的城市，至今依然吸引許多人前來造訪。

蘇格蘭勇於挑戰新事物的氣魄，與對創新的強烈興趣，想必就是格拉斯哥的活力來源。許多歷史名人也都出身於蘇格蘭，譬如有經濟學鼻祖之稱的亞當・斯密（Adam Smith）、發現盤尼西林的弗萊明（Alexander Fleming）、物理學家馬克斯威爾（James Clerk Maxwell）、發明家貝爾（Alexander Graham Bell）與瓦特（James von Breda Watt）、以及實業家卡內基（Andrew Carnegie）與馬地臣（James Matheson）等等。歐洲邊境的蘇格蘭，為世界帶來許多發明與發現，創造出各式各樣的事業，這樣的歷史相當耐人尋味。

格拉斯哥是一座知名的經濟城市，同時也是一座藝術城市。市內保留了許多建築師麥金托什（Charles Rennie Mackintosh）設計的建築物，這些建築至今依然受到格拉斯哥人的喜愛。除此之外，以麥金托什設計的校舍而聞名的格拉斯哥藝術學院（Glasgow School of Art），也是英國藝術教育的名校，許多畢業於本校的學生都活躍於世界各地。市內也有各式各樣的美術館及藝廊，展開朝氣蓬勃的藝術活動。格拉斯哥充滿活力的經濟與藝術，兩者看似毫無交集，然而走訪了格拉斯哥的藝術場域後，讓我開始認為格拉斯哥充滿活力的原因就隱藏在其背後。本章將透過格拉斯哥的藝術界，思考其活力的根源，並且也希望帶領大家看看在格拉斯哥逐漸誕生的新事業。

2　格拉斯哥藝術學院：藝術家就是小規模事業經營者

英國有許多藝術學院，聚集了許多來自世界各地的學生，不過在當代藝術的領域，格拉斯哥藝術學院是目前最受矚目的大學。透納獎（Turner Prize）是有英國當地藝術最高峰之稱的獎項，其入選者有三十%是格拉斯哥藝術學院的畢業生，最近的二〇〇九年、二〇一一年以及二〇一四年的得獎者都畢業於格拉斯哥藝術學院。

這次造訪格拉斯哥時，恰巧遇到格拉斯哥藝術學院舉辦畢業展的時期，讓我有機會參觀畢業生的作品。畢業展的水準之高令我驚訝，也難怪許多透納獎的入選者都畢業於這所學校。但與此

藝術學院內的麥金托什家具藝廊

史蒂芬・霍爾（Steven Holl）設計的格拉斯哥藝術學院新館穿堂

麥金托什設計的格拉斯哥藝術聯誼會（Glasgow Art Club）大廳

同時，也有以社會問題及政治為對象的作品、或是與醫學等其他產業直接結合的作品，顯示他們重視作品與現代社會及產業之間的連結，這樣的態度令我欽佩。實際的大學課程中，老師也會為了概念發想，要求學生在製作作品的過程中提出社會分析之類的報告，這些報告的內容與作品同樣重要。這樣的過程讓學生不只學會製作作品的技術，也培養出調查分析的能力。

不過調查格拉斯哥藝術學院的歷史，就會發現他們這種重視與社會之間深入連結的態度，可以追溯到創校當時的工業革命時代。格拉斯哥藝術學院的前身，是蘇格蘭政府在一八四五年創辦的公立格拉斯哥設計學院（Glasgow Government School of Design，一八五三年更名為格拉斯哥藝術學院）〔1〕。同時期創辦的藝術學院，多數仍以學習傳統的美術、繪畫、雕刻為主，但格拉斯哥藝術學院創辦的目的，卻是為工業革命之後日益興盛的工業界培養設計人才。因此不難想像這所學校從創辦之初，就採取與實務緊密連結、思想進步的教育方針。格拉斯哥藝術學院同時也以英國第一間允許女性入學的藝術學院而聞名，其進步的思想可由此窺見端倪。〔2〕

這次造訪格拉斯哥時，陪同我一起參觀格拉斯哥藝術學院的是住在當地的畫家彼得・葛拉罕（Peter Graham），他同時也是格拉斯哥藝術聯誼會的會員，因此我也受邀參觀他所屬的聯誼會會館。格拉斯哥藝術聯誼會是由藝術家組成的社團，擁有百年以上的歷史，會館位在距離藝術學院步行數分鐘的地方。〔3〕會員可策畫展覽、共用館內的工作室。會館也附設酒吧與餐廳，提供會員交流的場所。會館大廳由麥金托什設計，大廳裡裝飾著歷代著名會員的繪畫及雕刻作品。這次在葛拉罕的導覽下，讓我有機會一窺大廳與會員至今依然使用的工作室。

葛拉罕也畢業於格拉斯哥藝術學院，他的許多畫作不只在蘇格蘭，也在英國及歐洲的藝廊展示，除此之外，他還參與了許多格拉斯哥的藝術相關活動。我從與葛拉罕的交談中發現一件耐人尋味的事情，那就是他把自己的畫家活動，當成一種社會、經濟活動來考量。雖然一般提到藝術家，都會覺得他們遺世獨立、不沾銅臭，但實際上，將藝術活動當成事業是職業藝術家賴以為生的基礎，因此就這層意義而言，每位藝術家都等同於小規模事業的經營者。

我們參觀了藝術聯誼會的會館後，便離開市區前往一棟名為「唐提大樓（Tontine Building）」的建築物，那裡是格拉斯哥藝術學院雕塑及裝置藝術學系的畢業展展場。來場參觀的人數眾多，展場相當熱鬧。在這些參觀者當中，可以看見幾個專注觀察每件作品，還一手拿著記事本做筆記的身影，他們想必是專業的藝術相關人員。事實上，每位學生都會在展示的作品前方，放著簡單的作品集與名片，立刻就能與他們取得聯絡。這一瞬間讓我認知到，這裡雖然是畢業展展場，但實際上也是事業新手展示自己的會場。

3 燈塔：麥金托什留下的建築成為創業的助力

麥金托什在日本也是無人不知的建築師，但與享譽全球的知名度相反，他的建築師生涯幾乎都在格拉斯哥度過，而他的作品也多數都位於蘇格蘭境內。因此，格拉斯哥人對於麥金托什的情感不同於一般，即便到了現在，提到格拉斯哥的建築時，也不能不提麥金托什的名字。

一八九六年，格拉斯哥藝術學院舉行建築比稿，當時年輕的麥金托什在格拉斯市內的建築事務所

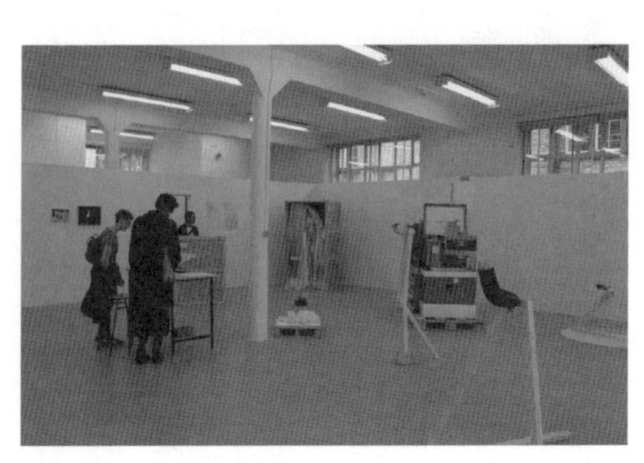

唐提大樓舉辦畢業展的樣子

哈尼曼與凱比（Honeyman and Keppie）擔任製圖員，事務所將他設計的草案提出，結果順利爭取到設計的機會。〔4〕麥金托什就這樣轟轟烈烈地展開建築師生涯，但很少人知道，他在同一時期，也為當地報社格拉斯哥先驅報（Glasgow Herald）設計了報社大樓的建築。報社編輯部所在的大樓面對著格拉斯哥鬧區的布坎南街（Buchanan Street），這棟建築物就建造在其後方。建築物裡放著一些設備，報社將其當成倉庫、印刷廠以及派報所使用。這棟格拉斯哥人長久以來熟悉的建築物，最大的特徵就是設置於西北角的塔樓，因此當地人將其稱為燈塔（Light House）。

英國政府以振興國內的藝術活動為目的成立的法人機構藝術委員會（Arts Council），將一九九九年訂為建築與設計年，並為建築與設計策畫了一整年各式各樣的展覽與活動。當初許多城市都被列入舉辦活動的候補地點，最後由格拉斯哥市入選。取得藝術委員會補助金的格拉斯哥市，決定將燈塔整修成活動的主要建築。自一九八〇年格拉斯哥先驅報總公司搬離布坎南街後，燈塔長久以來都沒有人使用，一九九九年的整修，使其搖身一變成為格拉斯哥藝術與設計的中心〔5〕，重新敞開大門。

燈塔內有關麥金托什的常設展

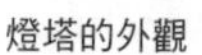
燈塔的外觀

燈塔，中央室內中庭

這棟建築物中有麥金托什的常設展、舉辦各種企畫展與活動的空間、以及建築與設計資料室等各式各樣的設施，其中最耐人尋味的是，建築物內還有「創意蘇格蘭」(Creative Scotland)與「商業入口」(Business Gateway)這兩個蘇格蘭政府成立的團體進駐。

創意蘇格蘭是支援蘇格蘭內各種藝術活動的政府機關，也負責分配補助金之類的業務。商業入口則是為想要展開新事業的人，免費提供各種服務的機構，譬如協助市場調查、給予建議、在新事業與既有事業網之間牽線等等。麥金托什留下來的建築，就這樣成為支援格拉斯哥的藝術與新事業的場所，值得令人深思。

麥金托什設計的格拉斯哥藝術學院，在二〇一四年不幸因電線走火而引發火災，目前正在進行修復工程，積極克服悲劇。校舍因火災的關係而無法使用，因此部分學系暫時搬到唐提大樓。這是一棟建造於十九世紀的商業大樓，為格拉斯哥市所有，低樓層部分是店鋪，上方則是辦公室與倉庫。藝術學院發生火災後，便將部分學系搬到原本當成倉庫使用的五樓與六樓，繼續課程與創作活動。這棟建築物所在的區域位於城市外圍，距離市中心大約十分鐘左右的路程，過去空屋林立，在格拉斯哥市內也以治安較差而聞名，但隨著藝術學院搬入、政府也計畫在這裡為使用IT開創新事業的人，打造提供他們辦公室與支援的場所，現在已經逐漸成為孕育創造性事業的區域，在格拉斯哥也受到矚目。格拉斯哥克服悲劇，並且活用麥金托什留下的建築，試圖將創意與商業結合得更加緊密。這座城市的活動，今後也值得繼續關注。

4　格拉斯哥蒸餾所：開創精釀威士忌的新潮流

威士忌是蘇格蘭名產。眾所皆知，威士忌產於蘇格蘭高地

唐提大樓的外觀

（Scottish Highlands）、艾雷島（Isle of Islay）、天空島（Isle of Skye）等自然環境優美、水質優良的地方，但出乎意料地很少人知道，一百年前，蘇格蘭全域共有一五〇處以上的威士忌蒸餾所，各自供應威士忌給當地人。原本遍布全國的蒸餾所，隨著人們對飲品的嗜好改變，以及大資本帶來的威士忌工廠集中化，逐漸消失身影。格拉斯哥市內最後的威士忌蒸餾所，也在二十世紀初關閉。威士忌蒸餾之後還需要熟成，因此需要積年累月才能製造出成品，展開威士忌的釀造事業並不容易。但近年來，蘇格蘭境內開始有愈來愈多的在地社群試圖將製造威士忌再度復興，開始在當地經營小規模的蒸餾所。相隔百年之後，格拉斯哥市內再度開始蒸餾當地的威士忌。

試圖在格拉斯哥復興當地威士忌的格拉斯哥蒸餾所（Glasgow Distillery），位於郊外的工業園區。建築物乍看之下就像普通的倉庫，但一走進去就充滿了威士忌原料大麥麥芽〔6〕的氣味。入口旁是取名為「安妮（Annie）」的銅製蒸餾器，還有木桶與裝著麥芽的袋子，雖然乍看之下雜亂無章，卻可窺見這正是符合生產線的合理配置。

蒸餾所內部的樣子

這次帶我參觀蒸餾所的是負責事務工作的希瑟。參觀的時候，正在現場工作的從業員也不時加入我們的對話，從他們身上可以感受到對自己的工作感到驕傲，並且樂在其中的樣子。這座蒸餾所成立於二〇一二年，當初只有創辦人連恩・休斯（Liam Hughes）與其他三名夥伴，但現在已經成長到僱用十名以上從業員的規模。目前製造及販賣的酒類以不需要熟成的琴酒為主，但蒸餾所的中心也堆著等待數年後出貨的威士忌木桶。這種小型蒸餾所的最大特徵，就是全部人工作業。從麥芽的釀造階段，到裝瓶、貼標，全由人工進行。現在販賣的琴酒，半數出貨到酒吧與個人商店，其餘的部分則由他們自己直接透過網路、或是市集與美食嘉年華等管道販賣。我也試喝熟成途中的威士忌以及正在生產的琴

取名為安妮的銅製蒸餾器

裝入木桶的威士忌，正在等待熟成出貨

酒，清爽的口感令人印象深刻。他們日前正在研究威士忌與琴酒做為格拉斯哥當地飲品的特殊風味，而直接面對消費者。聽取消費者的意見，也是思考其風味時重要的一環。

我問創辦人休斯為什麼會在格拉斯哥開始蒸餾威士忌，他回答我兩項原因。第一，他希望恢復格拉斯哥威士忌的歷史；第二，他從大學畢業後，就在餐飲業界累積了四十年以上的經驗，根據這樣的經驗，他判斷格拉斯哥人對於飲食擁有高度意識，他們應該也需要精釀威士忌。

這種小型蒸餾所生產的琴酒或威士忌，稱為精釀琴酒，或是精釀威士忌。近年來這些蒸餾所集合起來，組成了蘇格蘭精釀蒸餾所協會（Scottish Craft Distillers Association），負責發行品質保證書，或是舉行共同宣傳之類的活動。這個協會也獲得蘇格蘭國際發展局（Scottish Development International）的贊助。蘇格蘭國際發展局是蘇格蘭政府成立的組織，主要活動是促進及振興全球對蘇格蘭的投資，由此可知，政府也站在支持這些小型蒸餾所的立場。格拉斯哥蒸餾的威士忌應該數年後就會開始販賣，品嘗這種威士忌的樂趣，或許在於前往當地酒吧與當地人共飲，但也許總有一天，在日本也能品嘗到他們的威士忌吧！

7

芬蘭的小都市：徹底活用森林資源

鷹野敦

1 芬蘭的概觀

我在日本的大學攻讀建築直到碩士，畢業後在建築設計事務所工作了大約四年，接著在二〇〇八年秋天前往芬蘭的阿爾托大學（Aalto University，前身為赫爾辛基理工大學）留學。最初我單純是以學生身分學習木造建築，後來在該大學取得工作，便逐漸將專業領域拓展到木質材料與環境評估，最後在芬蘭生活了七年左右。芬蘭人的生活以森林為中心，有「森林的子民」之稱。春天在等待雪融的森林漫步；夏天在森林小屋度過假期；秋天採摘野莓與蕈菇；冬天享受越野滑雪的樂趣，一整年在森林的恩賜中生活。除此之外，芬蘭人自古以來就有住在原木疊砌而成的木構造住宅（log house）中的傳統，至今依然有許多民眾具備木材相關知識與加工技術，能夠獨立完成具有一定水準的木工。森林占了約七成的芬蘭國土，是芬蘭人生活的重要基礎，他們名符其實與森林共生。我也在旅居芬蘭的生活中熟悉了這樣的習慣與文化，度過了相當充實的時光。

另一方面，芬蘭在長久以來的歷史中，都屬於地政學上定義的「僻地」。在長達大約六百年接受鄰國瑞典統治的時代，芬蘭以活躍的中歐僻地之姿發展；從十九世紀初起，持續約百年的俄國統治時代，則因為地處俄國通往歐洲的窗口而變得更加重要。但儘管如此，芬蘭仍因為爭取自治權等問題而持續承受莫大苦難。一九一七年，芬蘭雖然從俄羅斯手中爭取到獨立，但卻在第二次世界大戰中成為戰敗國，不僅必須支付高額的賠償金，還失去有精神故鄉之稱的卡雷利亞（Karjala）的大部分地區，在戰後走上嚴峻的復興之路。

傳統上芬蘭靠著酪農業與種植穀物為主的農業維生，但從地理位置來看，芬蘭原本就不是適合發展農業的土地。此外，即使進入二十世紀後，全球的產業結構轉變成以工業為主體，芬蘭也因為地理及資源等限制而發展不出特別興盛的工業。在國家艱困的時代支撐著芬蘭發展的，依然是製材、造紙、紙漿等根植於森林的產業。反過來說，芬蘭除了發展活用本國資源的產業之外，沒有其他的出路，這也讓芬蘭持續偏離二十世紀的主流，處於在產業面與經濟面都不得不採取僻地立場的狀況。

從這些困境中一路走來的芬蘭，在二十世紀末迎來重大轉折期。芬蘭靠著以NOKIA為代表的IT產業躍進，以及加入歐盟的契機，實現了大幅度的經濟發展。他們進一步乘著這股潮流，反過來利用自己身為人口約五百萬人的小國這點，藉由合理打造高度數位化的基礎建設、重點投資教育，取得全球性的競爭力。

阿爾托大學的校本部

但芬蘭的經濟也只有片刻輝煌：長久以來支撐芬蘭的造紙業，隨著全球性科技化衝擊而衰退；二〇〇〇年席捲全球手機市場的NOKIA，也在二〇一〇年急速失勢，使得芬蘭的經濟於近年再度陷入絕境。

本章將從各個方面介紹處於此境況的芬蘭產業中，再度成為目光焦點的「木材」相關事業。芬蘭在傳統森林產業的基礎下，也孕育出「生物經濟」這樣的新概念，並從事規模或大或小的事業。「生物經濟」在芬蘭指的是將社會狀態，從仰賴石化資源的現狀，轉向以自己擁有的森林資源為中心的思維，也是一種能夠打造日後的社會環境、產業結構等，適用於整體社會的概念。現在全球都開始急速重新評估森林資源的價值，芬蘭立足於眼前森林的穩健嘗試，已經超越過去不得不仰賴手邊資源的做法。其運用森林資源的先驅產業與生活方式，現在正成為全球的目光焦點。芬蘭與日本同樣都是森林國家，也都擁有木造傳統與其他許多共通點。從芬蘭的案例中，可以看到他們在面對森林與木材時，歷久彌新的處理方式，我想這對於思考日本未來的發展能夠帶來重要的啟示。

芬蘭遍布森林與湖泊的國土

2 米凱利的三澤建設：活用互助式森林資源的日本企業

米凱利（Mikkeli）是一座人口大約五萬人的小城市，位於芬蘭首都赫爾辛基（Helsinki）東北方大約兩百公里處。接下來將為各位介紹這裡透過互助活用木質資源，實現穩定的維生管線供給與經濟活動的案例。這個案例的舞台是日本大規模建設公司「三澤建設」設於米凱利的製材工廠，因此我在米凱利進行調查時，也獲得當時從母公司三澤建設派駐到芬蘭三澤建設的大串和也先生與藤田浩先生的許多幫助。

「木質板接著工法」是三澤建設引以為傲的技術，其使用的木板芯材，便是芬蘭產的雲杉（唐檜）。三澤建設為了確保穩定的雲杉供給，在一九九四年於芬蘭成立了芬蘭三澤建設。廠區面積約四．五公頃，設有加工生產線、木材乾燥釜、倉庫與事務所，每年生產約八萬立方公尺的木材。這些木材多數出貨給日本的三澤建設。

製材工程中消耗最多能源、成本最高的步驟就是乾燥工

三澤建設的製材所全景。一旁就是生質發電廠

程。日本使用於建築物的木材依然以自然乾燥為主，但芬蘭出貨的木材基本上全部採用人工乾燥。三澤建設的製材工廠，也會將木材放入約攝氏八十度的乾燥釜中，花三到五天的時間進行乾燥。乾燥過程中使用的龐大能源如果靠進口的石化燃料供給，無論從經濟面還是環境面來看都不合理，因此歐洲一般的製材工廠，多半會燃燒製材工程中產生的木屑等廢材，以取得乾燥用的熱能。但是芬蘭三澤建設，卻與比鄰的發電廠（南薩沃電力公司，South-Savo Energy）合作，確保熱能供給。在此依序寫出芬蘭三澤建設的具體操作方式。他們首先將製材用的原木，從半徑一百公里範圍內的森林運到製材工廠，接著依序使用電腦控制的製材機器加工，製造出最後的產品。芬蘭三澤建設將這一連串加工過程中產生的木屑與樹皮全部回收，透過鋪設於廠區間的管線直接送到發電廠。發電廠燃燒這些木屑發電並產生高溫水，再將這些高溫水透過管線運到製材工廠，當成乾燥木材與設施暖氣的熱源使用。工廠的電力也由發電廠直接供應。

這種跨廠區的合作，不僅讓三澤建設省下購買鍋爐生產熱能的經費，也省下將木屑運往遠方的勞力與時間，而發電廠也能確保高品質生質燃料的穩定供給，兩者之間建立了互惠的關係。製材工廠供應的木屑所生產的電力與熱能，也提供給一般家庭。木屑生產的電力約為六萬一千度，換算起來大約可供給米凱利八％的家戶使用。

話說回來，三澤建設之所以將製材工廠設在米凱利，考慮的也是在地合理的森林資源消費。因為消費一整根原木最合理的方式，是使用靠近根部粗大的部分製作合板、中間部分製材、尖端較細的部分製作紙漿。米凱利鄰近處理原木較粗部分的合板工廠與較細部分的紙漿工廠，因此當地也相當歡迎處理中間部分的製材工廠來到此地設廠。而對三澤建設而言，這裡也是能夠確保原木穩定供應的絕佳廠址。這裡再針對前面提到的製材工程進行補充說明：木片也是製材過程中大量產生的副產品，而三澤建設就將這些木片供應給鄰近的紙漿工廠。近年來木片的價值也正在逐步提升，這種包含副產品在內，徹底活用整根原木材料的模式，將成為運用木材資源的重點。

上述這種一舉數得的階段性資源活用是森林資源的特性。舉例來

提供木屑給比鄰的生質發電廠

每天運來約1000立方公尺的原木

說，合併數種資源才能製造完成的水泥與鋼鐵，就屬於完全反向的思維。如果將水泥與鋼鐵比喻成集中型的資本主義模式，木材就可說是小規模要素攜手建立的網狀互助模式。我想這是二十世紀社會與經濟型態的典範轉移，也是從紮根森林資源的地域開展出來的新模式。

製材工程產生的木屑與木片是有價值的副產品

3 芬歐匯川造紙公司與生質發電企業：活用階段性森林資源的企業

接下來想要再稍微提一下芬蘭展開的階段性活用木質資源的新動向。在上一節所提的背景下，近年也有不少企業將重點擺在有效活用公司內部的資源，轉型成囊括各種木材相關事業的綜合型業態，而這樣的傾向在大規模製材公司與造紙公司中更是明顯。其中動作特別大的是芬歐匯川集團（UPM Kymmene Oyj）。芬歐匯川是在一九九六年由數間同業公司合併而成的造紙公司，據說其歷史可追溯到中世紀法國的手抄紙工廠，是一間歷史悠久的企業。成立以來，便以全球數一數二的造紙公司之姿，帶動芬蘭的經濟，但二〇〇〇年之後，造紙產業受到數位化衝擊而逐漸萎縮，芬歐匯川也不得不重新檢視企業的方向。現在集團不只從事造紙事業，也將觸角延伸到森林、製材、紙漿、燃料能源、合板、生物化學等有關森林資源的上下游產業，展開一條龍式的多角化經營。這是一種強化相關事業之間的合作，透過整合供應鏈，最大限度提高資源活用效率，以提升各部門收益的戰略。這項戰略的中心，就是二〇一四年在拉彭蘭塔（Lappeenranta）設置的整合工廠。廠區中造紙、紙漿、製材各工廠，與生質發電廠、研究設施、以及世界第一座生質柴油精煉廠比鄰而建。這是將森林資源相關事業集中在一處的新嘗試，公司企圖透過各部門合作，最大限度活用送進工廠的原木，以期帶來加乘效果。附帶一提，精煉生質柴油，指的是使用製造紙漿的殘留物生產柴油燃料，這種可再生的新木質燃料也逐漸受到矚目。

除了這種大型企業的大動作之外，近年芬蘭大量出現的「生質能發電事業」也成為一種地方活性化的手段。「生質能發電」[1]是一種活

1　生質能發電：運用動植物產生的有機物質（特別是廢棄物）經過發酵或燃燒等轉換方式產生電力。

拉彭蘭塔的芬歐匯川整合工廠全景

用地域資源，確保穩定且自律的能源供給，同時還能帶來經濟效果的嘗試，在當今的日本也受到矚目。現在的芬蘭與其他多數先進國家一樣仰賴石化燃料與核能，但他們也致力於普及活用國內森林資源所創造的再生能源，目前提出的方針是在二〇二〇年之前，將再生能源在初級能源消耗量中所占的比重提升到三八％〔1〕。

然而若從資源的流向來看，這樣的動作並不尋常。這是因為對於建造生質能發電廠、積極利用木材創造能源而言，一味地從森林中砍伐能源用的原木並不實際。森林中生長的樹木，有些適合製材，有些適合製造紙漿、有些適合製作合板，即使樹種相同，品質也未必一致。其中適合用來生產能源的，只有樹徑較細的疏伐材、或是樹形扭曲的劣質品。因此從價格面來看，以歐洲赤松或雲杉為例，製材用或紙漿用的原木，過去三年左右每立方公尺的交易價格分別是五十五歐元或三十歐元左右，但如果當成能源使用，就只能賣到六〇至七〇％的價格。對森林的所有者或承包採伐的業者而言，一味將原木出貨給能源廠並不合算，因此即便能源用原木的需求量提升，也可能無法確保充足的供給量。

建造於真庭市的在地生質工廠

所以若想促進使用木材能源，就必須活化有關森林資源的整體產業，一併提升製材與紙漿等產品的需求。由此可知，從資源的供給面來看，米凱利與拉彭蘭塔的案例中這種彼此合作的產業形態，今後想必將會更加普遍。下一節將要介紹推動建築物活用木材的事業，其動機其實也與上述內容有關。附帶一提，日本國內的岡山縣真庭市，也在推動木質資源相互合作的先進活用，歡迎有興趣的讀者參考。

4　拉赫蒂：反過來利用河畔廢棄廠區的木造建築公園

接著來看芬蘭推行木造建築的相關動向。如同前述，振興森林產業必須均衡地提升各類型木材的需求。尤其從原木的供應鏈來看，製材是生產木片與木屑的上游工程，因此推行木造建築，在振興森林產業中扮演了重要的角色。而位於赫爾辛基北方大約一百公里處的城市拉赫蒂（Lahti），就結合上述產業方面的考量，從文化面推動獨特的木造建築振興活動。

「拉赫蒂」在芬蘭語中是「河口」的意思，這座廣闊的城市名符其實面對著韋西湖（Vesijärvi）這座大湖北端，人口大約十萬人左右。拉赫蒂也是國際滑雪大賽的會場，以冬季運動聞名，日本也熟知的跳台滑雪選手亞內・阿霍寧（Janne Ahonen）就出身於拉赫蒂。附帶一提，九〇年代在荷蘭阿賈克斯足球隊締造黃金期的芬蘭籍傳奇足球選手亞里・列馬倫（Jari Litmanen），也是從拉赫蒂展翅飛向世界的其中一人。優秀運動選手輩出的拉赫蒂也是重要的產業據點。十九世紀後半，隨著串連芬蘭南部與俄羅斯聖彼得堡的鐵路，以及韋西運河的開通，這座城市成為繁榮的物流樞紐，各式各樣的產業應運而生。特別值得一提的是韋西湖（Vesijärvi）湖畔建造了使用蒸汽動力的製材所，利用船隻從周邊森林運來木材進行製材加工，再透過鐵道出貨到全世界，藉此獲得創造財富。製材產業也帶動了木工與隔板工人等職業，拉赫蒂因此成為南芬蘭的木材、木造中心，締造經濟榮景。基於這樣的傳統，木工、木匠、建築師等木材專家的工會，至今依然將這個地方的小都市當成據點。他們將火柴工廠整建為藝廊、商店及木工坊，從事木材文化的傳承活動。藝廊中也展示了許多日本的木工榫接技術。

一九八〇年代湖畔廠區關閉之後，拉赫蒂便以延續歷史的形式重新開發周邊區域。開發的重點，便是建設冠上芬蘭引以為傲的作曲家西貝流士之名的音樂廳。這是一個將建於韋西湖畔的紅磚造製材廠及木工廠改建成會議中心，並且在那裡增建木造音樂廳的計畫。在一九九七年，拉赫蒂以「將芬蘭

火柴工廠改建而成的木工博物館

的森林文化傳播到全世界的創新木造建築」為主題，舉辦設計競賽，最後由建築師漢努・提卡（Hannu Tikka），與當時仍就讀於赫爾辛基理工大學的金莫・林圖拉（Kimmo Lintula）組成的團隊獲獎。當時為了實現得獎的設計案，在材料製造、結構系統以及音響等方面，分別與芬蘭的木材業界、以赫爾辛基理工大學與紐約為據點的音響工程師建立密切的合作體制。這座運用當時尖端技術打造的木造音樂廳，於二〇〇〇年完工。現在即使過了十五年，依然吸引許多參觀者前來造訪這座芬蘭最大規模的木造公共建築。建築物由擁有一千二百五十個座位的音樂廳、音樂廳附設的低層會議室、以及連接音樂廳與原有紅磚造建築物的通道「森林大廳」組成。通道由九根仿造樹形的集成材樑柱支撐，音樂廳則以壁面單元圍成如同木箱一般的建築。壁面單元的材質是LVL（單板層積材）[2]，裡面灌滿砂，用以隔音並增加重量。木造骨架外

2　LVL（單板層積材）：將木板依照纖維方向，以同向順紋的模式膠合熱壓處理成板材。比起傳統的合板，單板層積材的縱向強度更高、支撐力更好，適合用來做木結構建築的柱子和樑。

西貝流士音樂廳的外觀

部以玻璃帷幕覆蓋，這樣的設計讓人從外部也能看見動態又具有特色的木製結構，以及另一邊美麗的湖泊風光。音樂廳內部設有厚四十毫米的白樺塗裝合板製成的可動式內壁，可因應表演節目的需求開闔，而外圍壁面單元與內壁之間的間隙也能發揮聲音緩衝空間的功能，實現全球數一數二的音響效果。除此之外，通道的天花板還以照明重現西貝流士出生的一八六五年十二月八日的星座配置，相當具有巧思。西貝流士音樂廳是在全球也享有盛名的拉赫蒂交響樂團的據點，廣受市民喜愛，持續吸引許多聽眾前來。

西貝流士音樂廳的完工只是一個開端，湖畔的木造建築公園建設計畫目前也仍在進行。計畫的主體是從「木造文化（Wood in Culture）」的文化面推廣木造建築的NPO團體，這個團體每兩年一次，表揚全球設計出色木造建築的建築師，並委託獲獎者為拉赫蒂設計木造建築。表揚活動從西貝流士音樂廳竣工的二〇〇〇年開始舉行，至今已有七名全球性的建築師獲獎，完成了四座木造建築。最近因為設計新國立體育場而蔚為話題的日本建築師隈研吾、第一章登場的奧地利建築師赫曼·卡夫曼都曾以得獎者的身份，設計

森林大廳。可用於舉行宴會

韋西湖畔的東屋，與海水浴場的更衣小屋。「木造建築公園（Wood Architecture Park）」就是這個由NPO團體與拉赫蒂市共同執行的計畫名稱。這座公園聚集了出色的木造建築，不僅吸引建築從業人員前來參觀，也吸引許多來自世界各地的觀光客造訪，發揮讓拉赫蒂市民的居住環境更富足的效果。

5 菲斯卡爾斯與皮爾斯納：工廠遷址後致力於地域再生的撤退企業與藝術家

最後要介紹的案例是一個小鎮，它結束自中世紀以來的產業活動，轉型成桃花源一般的藝術村。這次調查獲得建築師兼家具職人米可・梅茲（MIkko Merz）先生、山田吉雅先生，以及玻璃創作者卡蜜拉・莫培格（Camilla Moberg）女士的諸多幫助。

菲斯卡爾斯（Fiskars）位於赫爾辛基西邊約八十公里的森林裡，一六四九年這裡設立了煉鐵廠，小鎮也因為員工的聚集而誕生，至今已經走過三百五十年以上的歷史。雖然這裡是看似不適合發展煉鐵等重工業的僻地，但因為擁有可轉換成動力的豐富水資源與木材，而被選

具備優異音響效果的木造音樂廳

為設廠地點。芬蘭雖然到處都有木材，但緊鄰平坦土地的河川卻相當少見。冠上土地名稱的菲斯卡公司從煉鐵廠起家，後來開始製造各式各樣的鐵製日用品，逐漸發展成熟。小鎮也配合企業發展擴大其規模與設備，到了近代更發展成自給自足的企業村，確立其獨特的存在形式，鎮上不僅擁有富饒的森林與農地，甚至還有發電廠。一九七〇年代，日後成為公司代名詞的橘柄剪刀誕生，但公司也在這時改採擴大事業規模的方針。擴大規模需要更新、更大的工廠設備與動力，公司於是便在一九八五年，將所有的工廠機能轉移到擁有更大河川的臨鎮皮納斯（Billnäs）。許多居民隨著工廠一起往皮納斯遷移，菲斯卡爾斯也暫時廢鎮。但菲斯卡公司並未捨棄這座小鎮，公司認為小鎮必須在繼承其發展歷史的同時，也以全新的樣貌延續下去，因此持續摸索再生計畫。時序就在公司的摸索當中進入九〇年代，年輕的職人與藝術家受到周遭絕佳的自然環境與美麗的歷史建築吸引，逐漸搬來這裡居住。醉心於菲斯卡爾斯自然環境的家具職人卡里・維勒達寧（Kari Virtanen）就是其中之一，他與企圖將此地打造成藝術村的菲斯卡公司達成協議，致力於招攬更多年輕藝術家進

菲斯卡爾斯小鎮

駐。一九九四年，村民主辦的第一場展示會獲得極大的迴響，一九九六年藝術家與職人組成的合作社「Onoma」也展開活動，打造商店與藝廊等設施，這座小鎮一下子成為高品質芬蘭藝術與工藝技術的推廣基地，確立其藝術村的地位。附帶一提，成為菲斯卡爾斯復活原動力的卡里先生娶了日本妻子，年輕時曾與代表芬蘭的巨匠阿爾瓦・阿爾托（Alvar Aalto）、卡伊・弗蘭克（Kaj Franck）一同工作。現在他也在菲斯卡爾斯經營名為「NIKARI」的家具工坊，使用當地採伐的高級木材製作手工家具。我也非常喜歡這裡的家具，造訪村子時曾繞到工坊購買椅子及板凳。回到日本之後，我也將這些家具擺在住家與職場，非常珍惜地使用。附帶一提，二〇一四年翻新的神戶竹中大工道具館的會議室，也擺著NIKARI的經典椅子。曾在NIKARI學藝的日本家具職人，於二〇一〇年在京都開設工坊，開始在日本國內製作、販賣NIKARI的家具。據說造訪工坊的道具館館長對椅子一見鍾情，非常想在重新開幕的道具館使用，於是將其買下來。芬蘭小鎮製作的椅子，飄洋過海來到木工之國日本後，依然深受喜愛。這想必是證明僻地也能發揮其魅力，與世界直接連結的絕佳例子。

竹中大工道具館的會議室

原本是企業村的菲斯卡爾斯，實現了其獨特的再生之路，現在已經成為夏季的熱門觀光地，聚集了許多來自芬蘭與世界各地的同好。前述村民主辦的展示會，現在已經發展成芬蘭最大的活動之一，這座人口不到一千人的村子，每年夏天就有超過兩萬五千人的觀光客到訪。村民在這樣的情況下，依然過著知足、我行我素的生活，他們的生活方式被當成芬蘭人的心之風景，不僅獲得共鳴，也與洗鍊的藝術印象相輔相成，現在已經成為菲斯卡爾斯強烈的品牌形象。造訪這裡質樸的藝廊、咖啡店與餐廳時，說不清的懷念感與幸福感油然而生。

距離菲斯卡爾斯約十分鐘車程的皮納斯，現在隨著菲斯卡工廠再度遷移，陷入與從前的菲斯卡爾斯類似的境地。看上這點的年輕資本家，在二〇〇八年收購村子中心的廣大土地與歷史建築，提出包含收購更多土地，將這裡重新開發成觀光區的更新計畫。但計畫遭到市政府、居民以及擁有其餘建築物的菲斯卡公司反對，嘗試了五年之後便以失敗告終。皮納斯雖然在這之後依然摸索不出有效的再生計畫，但年輕職人與藝術家也看上其便宜有魅力的不動產，開始往這裡聚集，就像過去的菲斯卡爾斯一樣。帶我參觀皮納斯的山田先生也是其中一人，他與同樣是家具職人的兩位朋友，租下過去曾是馬舍的紅磚造古老建築，當成工坊進行製作活動。為我們介紹工坊的山田先生，雖然透露出經濟上的困境，但看起來也在這裡度過了難以言喻的富足時光。

不得不說，這兩座小鎮都反過來利用僻地的缺點，用地域的森林資源與歷史為根柢進行活動，展現出不同於都市地區經濟優先的價值觀。最近似乎也開始有人看上菲斯卡爾斯的品牌形象，想在此地進行不動產開發等各種投資，但這裡至今依然保持如森林裡的桃花源一般的環境。希望小鎮這種「知足常樂」的存在形式今後也能繼續保持，而與此同時，我也感覺到這裡能帶給類似地區相當多的啟示。

菲斯卡爾斯工廠改建而成的藝廊

工廠勞工過去居住的公寓，現在也以低廉的租金出租

8

台北、台中、嘉義：在沒落市區綻放光芒的極低預算區域再生

德田光弘

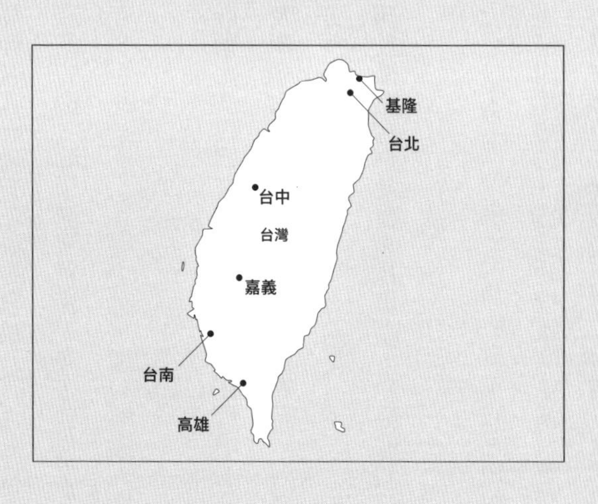

1 台灣的概觀

台灣與中國、日本、美國維持複雜且微妙的平衡，在戰後實現堪稱經濟奇蹟的發展，同時也急速邁向民主化，重新提升其在國際之間的存在感。在電子相關產業方面，除了鴻海精密工業這個代工生產手機與液晶電視等電子產品的全球最大EMS（Electronics Manufacturing Service）企業之外，還有華碩、宏碁、明基等世界知名的電子企業。

在與日本也頗有淵源的台灣各地，展開了哪些地方創生行動呢？我們有幸承蒙目前住在台中，曾在東京大學建築研究所留學的東海大學蘇睿弼助理教授，以及南華大學的陳正哲助理教授邀請，有機會前往台灣調查、採訪他們與各地人士攜手展開的地方創生事業。

本章將在俯瞰台灣整體的動向之後，分別以他們各自的活動據點台中及嘉義為焦點，介紹他們在當地進行的地方創生活動。

台灣南北長約四百公里，東西寬約兩百公里，面積約三萬六千平方公里，大約與日本的九州相當。台灣海峽往西約兩百公里是中國大陸，往東約一一〇公里是與那國島，這樣的位置關係讓我重新發現原來台灣與日本在地理上是如此接近。然而對日本而言，事實上至少從戰後至今，台灣一直都是遙遠的存在。

台灣的歷史，可以從現在成為少數族群的馬來玻里尼西亞語族（現在稱為原住民族），率先居住於台灣全域開始。據說在日本的戰國時代，台灣也曾是在日本趁亂發跡的倭寇與海盜的巢穴。然而進入大航海時代後，從一六二四年荷蘭東印度公司（以及某段時期的西班牙）占據台灣之後，由外來政權統治的歷史就一直持續到近年。

一六六二年，鄭成功擊敗荷蘭人，將台灣打造成「反清復明」的基地，接下來的二十三年台灣便由鄭氏政權統治。後來中國清朝勢力攻下台灣，展開長達兩百年以上的清王朝統治時期。清朝在一八九五年的馬關條約中將台灣割讓給日本，台灣便進入持續五十年的日治時期，直到日本戰敗為止。二戰結束後，蔣介石敗給毛澤東領導的共產黨，率領中華民國國民黨政權遷移至台灣，在台灣展開統治。

一九四七年發生二二八事件，政府藉機頒布戒嚴令，直到一九八七年才解除。解嚴成為一個開端，台灣在李登輝政權下，急速擴大民主化的浪潮。若從一六二四年起算至一九九六年首屆總統直選為止，外來政權統治台灣的期間，持續了將近四百年〔1〕。

到了現在，大家或許對二〇一六年一月蔡英文率領民進黨奪回政權記憶猶新，但民進黨在面對與中國之間的「兩個中國」的問題、以及與包含美、日在內的各國之間複雜的關係將如何周旋，也是台灣國內現在關注的問題。

另一方面如同前述，日本社會自一九七一年中華民國（台灣）退出聯合國、一九七二年隨著日本中國外交正常化而與中華民國（台灣）斷交後，就因為圍繞著中國、台灣、日本的複雜歷史與政治壓力，有意識或無意識地抗拒了解台灣的現狀〔2〕。不過，如果要充分理解並說明日本與台灣之間錯綜複雜的關係與背景，至少以本書而言是無法負荷的。因此我們終究只能基於本書的主題，懷著求知欲前往當地進行採訪與田野調查，實際體驗現在台灣區域再生的現場。

2　台北：盛行以藝術為起點的老屋改造

近年來，在台灣以日治時期的建築為主，從原本荒廢的老建築中重新找出其價值，改造成以「文創（文化創意）」為主題的創意空間再利用的趨勢相當盛行。從台北的台北車站往東約一公里的創意藝術景點「華山1914文創園區」，便是這類活動的先驅。

華山1914文創園區建造於日治時期，原本是日本芳釀株式會社的釀酒工廠。[1] 一九八七年，公賣局將第一酒廠遷移到新竹[2]，自此之後這裡就幾乎荒廢了十二年。這段期間，台灣的年輕藝術家開始悄悄潛入廠區，在建築物上塗鴉，於是政府在一九九九年正式將這裡重新打造成藝術活動的空間。不只在台灣，世界各地也很常可以看見包含藝術家在內的創意工作者，從城市中幾乎荒廢的場所找出創業價值的案例。在台灣也是相同地，當地的創意工作者與老建築重生之間，果然擁有極高的親和性。

二〇〇九年，咖啡店與複合品牌商店、電影院等設施進駐，這裡大致形成目前的樣貌。這裡的空間設計相當用心，從正面入口的草坪進入園區，不要說建築物群了，就連將工廠內外運送貨物用的軌道與枕木留下的鋪裝、覆蓋建築的爬牆虎，都在在保持了當時的氛圍。我造訪過兩次，除了觀光客之外，還有當地的年輕人與帶孩子的家庭造訪，使得這裡熱鬧異常，甚至還有拍攝婚禮紀念照的情侶。他們讓我親身體驗到，這個醞釀出懷舊氣氛的重生空間廣受各個客層喜愛。

從華山1914文創園區往東約三公里，就是二〇一〇年開幕的「松山文創園區」，這座園區是菸草工廠的再利用。松山菸草工廠建造於一九三七年，關閉於一九九八年。關閉後經

1　此後，一九二二年先是改為台灣總督府專賣局台北酒工廠，一九四五年國民政府再改名台灣省專賣局台北酒工廠之後，一九四九年改為臺灣省菸酒公賣局台北第一酒廠。

2　實際上遷往現今桃園市龜山區，並與板橋和樹林酒廠合併，成為林口酒廠。二〇一四年改名桃園酒廠。

華山1914文創園區

過政界、業界與周邊居民的討論，最後誕生了這座新的文創園區。其相鄰用地上有高級飯店，此外台北大巨蛋與休閒設施正在興建（截至二〇一六年十月），因此這座園區也被定位為預計出現在台北的巨大集客景點的一部分。附帶一提，園區往南兩公里處，便是台灣首屆一指的觀光景點台北一〇一，所以園區也可納入觀光客的周遊觀光行程之一。

松山文創園區也是台北市的歷史建築，因此有些部分未開放參觀，但園區內同樣有活動空間、複合品牌商店、書店、咖啡店等，使用方式與使用思維都與華山1914文創園區相近。舊倉庫的活動空間舉辦的各種展覽，似乎都以高水準而頗受好評，因此也有人為了看展而前來。我造訪的時候，這裡剛

松山文創園區

好舉辦以大學生為主體的科技藝術展示會，許多年輕人前來參觀，空氣中洋溢著熱情。更重要的是，展示作品的水準之高讓我打從心底驚訝，深刻感受到我們日本的大學必須更努力才行。

或許因為整座園區擁有水池與綠地等廣大的戶外空間，來訪者的步調緩慢，讓我覺得這裡的定位應該類似都市公園。

如果要再介紹一個台北的再生案例，那就是「寶藏巖國際藝術村」〔3〕了。寶藏巖聚落從很早以來就是山坡密集住宅地區的一部分，二〇一〇年改造成藝術工作與藝術家駐村空間重新開放。藝術村的位置鄰近以台灣大學與台灣科技大學為首的文教區。擁擠的家屋建造在坡地上，狹窄的巷弄穿梭於家屋之間，即使只在這些起伏巷弄中散步也樂趣無窮。聚落內的藝術家不只有台灣人，還有來自韓國、日本、歐洲等世界各地的年輕藝術家進駐。他們在這裡停留一段時間，與原本的居民共生，形成獨特的藝術場域。日本各地也有建造於陡坡，道路狹窄的山坡密集老舊住宅區，政府為了改善其居住環境而煞費苦心，像這些有著棘手難題的區域，或許也得靠富含創意的年輕藝術家來照亮。

台灣的大都市除了台北之外，南部地區，譬如自古以來就是繁榮港都的第二大都市高雄，或是台南，也出現重新活用老建築的獨特景點。高雄有二〇〇六年開幕的「駁二藝術特區」，這裡原本是高雄港的倉庫群遺跡，現在成為台灣南部的實驗創作工作室與創意工藝發展中心。至於台南則有「林百貨」，這裡原本是在日治時期一九三二年開幕的林百貨公司，後來隨著日本戰敗而停業，經歷一番曲折，到了一九八〇年代成為無人使用的空大樓。日後經過整建，於二〇一四年重新開幕，成為販賣文創商品的設施。這次調查很可惜無法造訪，留待其他機會再詳加介紹。

綜觀台灣的老建築改造熱潮，讓我重新感受到藝術在老建築或老街區的地方創生中所帶來的力量。然而這類再生需要政府莫大的投資，或許必須冷靜觀察投資規模與經濟效果是否成比例。加上若由行政主導，難免讓人覺得老建築活化，似乎徒具一般的「藝術」形式，缺乏細緻的「藝」的內涵，頗有一點諷刺。

話雖如此，包含日本在內，藝術這個關鍵字在許多國家或地區中，都扮演了地域再生起始階段的要角也是事實。

3 台中：市區的興衰

台中是台灣的第三大都市，僅次於台北與高雄，是台灣中部的經濟文化中心。台北到台中的高鐵車程不到一個小時，如果以九州來比喻，距離感差不多相當於從博多到熊本。台中也以全球第一的自行車大廠捷安特的總公司所在地而聞名，而甫於二〇一六年開幕的台中國家歌劇院由建築師伊東豐雄設計，近年來也在日本受到矚目。

過去清朝統治的時代，受惠與中國本土的交易而繁榮的鹿港，就位在距離台中不遠處的西南方海岸，加上台中本身土地肥沃，開墾迅速進展，所以在一八八五年台灣建省時，台中曾有一段時間是省會所在地。進入日本統治時代之後，木下周一等人在台中推動以車站、行政區或市場等為邊界的棋盤狀都市計畫，將台中打造成小巧、高密度的商業都市〔4〕，當時建立的舊市街架構延續至今。

根據隸屬於我研究室的篠川慧、野村龍二、田坂友美等人的調查（截至二〇一六年十一月）〔5〕，就整體而言，低利用或未利用的閒置店面或閒置大樓的面積雖然比以前來得增加，但現在分布於舊市區內的餐飲街、雜貨街與工匠街等業種別區畫，依然與日治時代沒有太大差別，似乎隨著都市架構一起延續下來（圖1）。這點也展現在台中舊市區中心周邊保留下來的亭仔腳的利用、活用上。儘管部分閒置店鋪和大樓前的亭仔腳，因為機車的關係而成為實質上的機車停車場，但有些店鋪在那裡陳列各式商品，當成店面使用、有些則在那裡設置類似攤販的廚房，顯示亭仔腳除了當成人行道之外，至今依然保有多樣化的使用方式，使這個區域隨處都能窺見過去

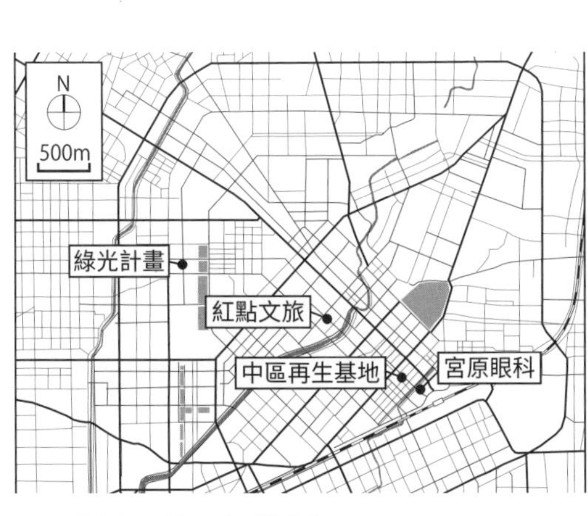

圖1　舊市街的店鋪區畫延續至今

亭仔腳

台灣常見的拱廊人行道，由店家一樓屋簷下的空間串連而成。東南亞各國也能見到同樣的屋簷下人行道，有時也稱為騎樓。台灣在日治時期訂出相關法令，於是亭仔腳就普及到台灣全域。亭仔腳最大的特徵是，雖然屬於各個店家的私有地，但也因為彼此相連而形成公共街道。這次調查發現，台中舊市區的道路八十八%存在著亭仔腳。其存在比例如此之高的最主要原因，就是在計算建蔽率時，不需要算入亭仔腳部分的面積。另一方面，未設亭仔腳的地方，則適用於一樓的建築線若距離道路境界線四公尺以上得免設亭仔腳的規定（退縮法）。筆者的研究團隊，以台中舊市區的繼光街為對象調查亭仔腳的使用方式，發現亭仔腳雖然是人行道空間，但也混雜了私人用途，譬如商品的店外陳列、廚房、餐廳座位、汽機車停放等等，使用方式相當多樣。

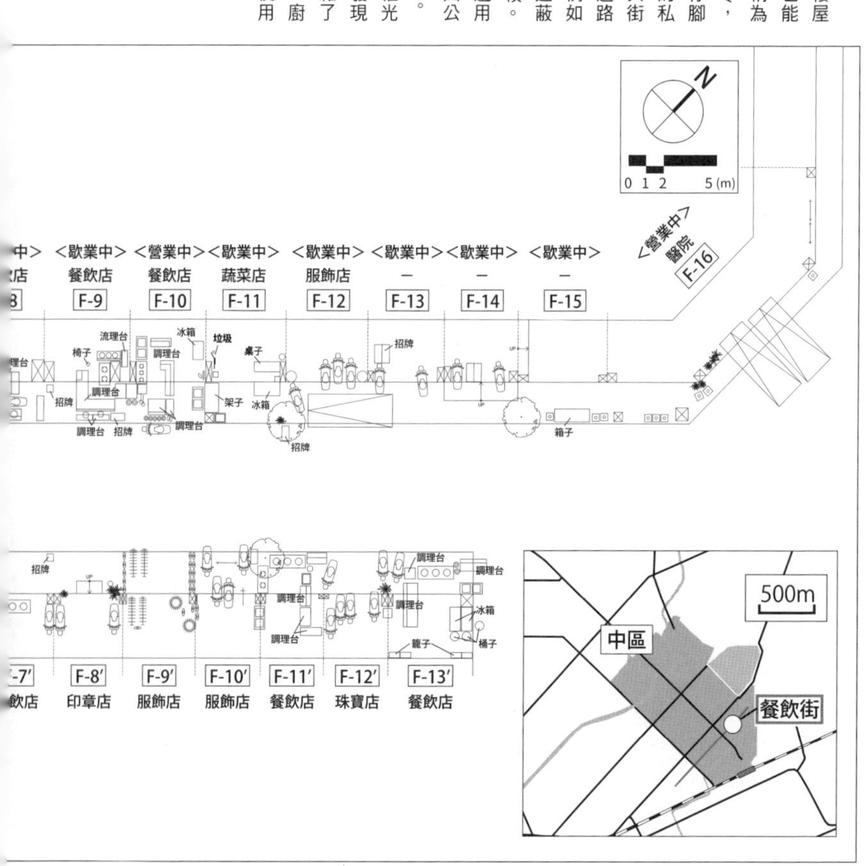

圖2　亭仔腳的實際使用方式

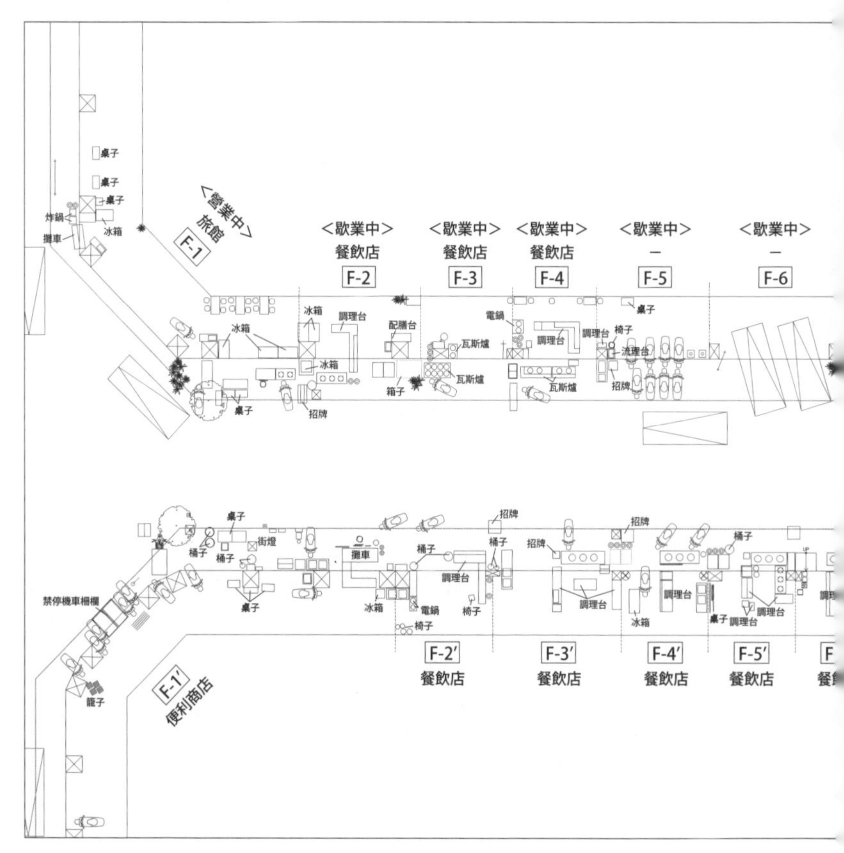

圖2　亭仔腳的實際使用方式

美好的台中氛圍（圖2）。

戰後的台中市區，在越戰帶來的好景氣中趁勢發展。過去門面寬五公尺左右的高密度透天厝，逐漸改建成大規模的中高層商業大樓或公寓華廈，與此同時，市區範圍也隨著汽車普及而一口氣擴大，開始了所謂的城市蔓延（urban sprawl）。台中的市區擴大現象，至今依然沒有停止的跡象，政府雖然有計畫地試圖遏止，但也因為推動開發的投資者與土地所有者帶來政治壓力，據說效果並不顯著。

市區擴大的另一方面，重心也逐漸轉移。在日治時期完成規畫建設，從台中火車站前拓展開來的舊市區，隨著市區擴大而急遽空洞化。這裡的大型商業大樓，因為建築物的設備與機能跟不上現在的顧客服務，以及馬路狹窄無法確保充分的停車空間，而逐漸搬到新開發的區域或是處於歇業狀態。舊市區在全盛期曾有過五間百貨公司，現在一間也不剩。經濟起飛期建造的區分所有權建築物[3]，由於土地所有者過多而無法達成都更協議，最後因為逐漸老朽而套牢。曾有一段時期因出租而致富的房屋擁有人，由於高齡化的關係，若不缺錢也不願意調降租金，導致沒有人願意承

曾經人來人往的台中舊市區（當地人提供的照片）

租，形成眼前看到的許多空屋與閒置大樓。

日本各個沒落商店街裡似曾相識的故事，也原封不動地發生在隔著大海的台中舊市區。

4　蘇睿弼：舊市區再生的關鍵人物

在台中舊市區展開都市再生行動的，是私立東海大學的蘇睿弼助理教授。東海大學是一所綜合大學，同時也是教會學校。造訪區域再生的現場時，我總覺得區域再生的關鍵還是「人」，而蘇教授也有同樣的想法。

我在此斗膽點評一下蘇教授這個人。蘇教授工作態度堅忍、大致可說是樂觀主義、喜歡聊天、個性親切，同時深受學生與當地居民的信賴。雖然很難透過理論說

3　區分所有權建築物：多人共同擁有一棟建築物，每人各自擁有一部分產權，在私人擁有的部分擁有單獨所有權，而公共部分則共同持有所有權的建築物。

成為廢墟的區分所有權大樓（台中市）

明及歸納出什麼樣的人、基於什麼樣的經歷、遇到什麼樣的契機，才會開始從事勞心又勞力的區域再生，但這些問題都是在實際籌畫區域再生的人力或團體時，非常重要的關注事項。我有幸能有較多的時間訪談蘇教授，因此希望趁機解開疑惑。

蘇教授在一九八二年進入台中的東海大學攻讀建築。東海大學建築系的強項真要說起來，還是比較偏向單一建築的造型與結構設計。但蘇教授就讀大一的時候，有一堂課必須分組製作舊市區的模型，當他看到完成的巨大模型時，除了暢快的成就感之外，對「群體」建築物的興趣也開始超越單體。三年級前往台中西南海岸的鹿港調查傳統聚落時，也深受老街魅力的吸引，對建築的興趣愈來愈偏向城市形態學。為什麼都市空間會有這樣的結構呢？他開始對有別於西洋的東洋都市空間形成產生強烈的興趣，尤其是槇文彥教授的〈奧之思想〉〔7〕更是帶給他深刻的影響。蘇教授的畢業製作以都市空間應該具有的意義為主題，設計新竹車站的站前廣場，但似乎並未獲得好評。

儘管仍在住院中，依然答應訪談的蘇教授與蘇夫人（左）

雖然畢業製作的失利或許不是直接原因，但蘇教授在一九八七年畢業之後到當兵的這半年間，決定放棄建築，在知名攝影師的工作室擔任助手。這實在是年輕人非常典型的挫折。然而蘇教授還是無法完全放棄建築，他在當兵的那兩年讀遍日本的建築雜誌，再次下定決心，決意前往槇文彥教授執教鞭的東京大學留學。

蘇教授當完兵後，一邊受雇於建築事務所與台灣大學，一邊學習日語，終於在一九九二年如願以償赴日留學，但當時不巧正值槇文彥教授退休，於是他便改為進入主要研究建築形態論的香山壽夫研究室接受香山教授的指導。他在香山研究室度過了旁聽生與碩士課程的三年時光，接著又因為香山教授退休，在升上博士班之後，轉入同樣與槇教授淵源深厚的大野秀敏研究室學習。當時正值一九九五年四月，蘇教授已經超過三十歲了。從那年起算，直到取得博士學位為止，蘇教授以學生身分，在大野研究室度過了八年時光。當時的研究主題著眼於城牆都市[4]的發展過程，以中國的一百個城牆都市為對象，針對其都市形態的變化，進行紮實的文獻調查與深入分析。蘇教授在取得博士學位之後，於二〇〇三年四十歲時，終於在位於台灣新北市的淡江大學取得大學教職，並在二〇〇七年於因緣際會之下，回到母校東海大學赴任。

蘇教授的經歷透露出大器晚成的坎坷，但他帶著笑容侃侃而談的樣子背後，讓我再次感受到，這

4　城牆都市（城郭都市）：以城牆環繞，擁有堅固防禦的都市。

樣的經歷也讓他培養出從事地域再生所需要的精神韌性。

附帶一提，蘇教授和我是透過由我擔任代表的「老屋再生學校」(Renovation School)認識的。蘇教授想了解我們的活動，於是在二〇一五年於東京都豐島區舉辦的第一屆工作坊，以及於北九州舉辦的第八屆工作坊兩度前來造訪。我透過老屋再生學校的空間資源活用，開始說明活用地域資源的地域再生思維與運作方式，蘇教授聽了之後深表贊同，於是便熱心地向我介紹他在台中舊市區所從事的挑戰。當時我一次也沒有去過台中，對台灣的地域狀況也不是十分了解，但透過與蘇教授的意見交流，我發現我們面對的地域課題實在太過相似，也對彼此面對地域再生的想法與態度深感共鳴。看到蘇教授和我一樣站在大學教授的立場為地域再生奮鬥，也為我帶來相當大的勇氣。

後來，我立刻邀請蘇教授前來自己與東京大學的松村秀一教授等成員共同發起的「第一屆老屋再生社區營造學會(二〇一五年十月在大阪市立大學舉辦)」，針對他在台中從事的活動進行演講，後面會再提到的「第二屆老屋再生社區營造學會(二〇一六年十一月)」也在蘇教授等人鼎力相助之下，於台中舉辦。

5 台中中區：再生基地的誕生

蘇教授從事舊市區都市再生的契機，出現在二〇一〇年，他剛到東海大學赴任之時。當時他為了尋找學生建築設計作業的用地，造訪久未前往的舊市區，結果發現這個在學生時期讓他對都市產生興趣的地方，現在到處都是空屋與閒置大樓，殘破不堪的景象讓他難掩訝異，因為他花了長時間研究的近代都市計畫的末路就展現在眼前，就這層意義來看，衝擊想必相當大。但他同時也接觸到長久以來在此經營買賣的店主對舊市區的懷念，以及在地居民保留在記憶中關於舊市區的片段。從事都市再生的開端，有時或許只是微小的機緣。

「我與妻子偶然造訪一間周邊都是空屋而唯一留下的老咖啡店，發現那裡的餐具和我小時候父親經常在家使用的相同，讓我非常感動。」

台中舊市區還有必須守護的事物。當地經歷了清朝以前，東洋常見的基於寬鬆秩序自然形成的都市發展，接著進入每個角落都根據嚴謹秩序規畫形成的西洋近代都市時期，最後又因為都市空間機能過時而造成目前的狀態。現在或許又該回歸東洋式的思考，尋求新的都市再生。

另一方面，政府也不可能對此視若無睹，不採取任何措施。政府曾採取的行動包括在流經舊市區的綠川上加蓋、整建

中區再生基地

與台中車站相鄰的停車場和附近的購物商場第一廣場[5]及商店街等等。然而這些行動帶來的效果都有限。除此之外，政府也為了活化商圈而不惜提供商業振興補助金，但往往這些補助金就浪費在一些臨時性的短期活動上。

就在這個時候，位於舊市區西北方約三公里處，現在最繁榮的鬧區綠園道，發生了造成死傷的大規模火警（二〇一一年三月阿拉夜店大火）。這起悲劇促使政府加強對綠園道地區夜店的取締，最後鬧區內許多處在法律灰色地帶的店家都撤離。當時新上任的都市發展局長並沒有錯過這個機會，他認為這反而是因禍得福，企圖藉由將這些店家遷移到舊市區，帶來新的再生機會。但這個計畫也因為遭到舊市區在地商圈的反對而中止。

另一方面，政府也曾經為了拆除舊市區的閒置大樓與空屋，委託當地大學及顧問公司一起擬定大規模的都更計畫。雖然有縝密的調查報告，也進行了可行性研究，但計畫卻因為鉅額的預算與複雜的地權關係而無法付諸實行。

政府於是轉換方針，既然無法推動大規模都更，是否有機會執行只要少額投資即可推動的地域再生呢？於是便以台幣五百萬元的預算，公開招募舊市區再生的委託事業。蘇教授做好充分的準備，決

中區再生基地

定與同事一起提案。他們的方案著重於軟體事業，企圖在不拆除的情況下活用原有的空屋與空大樓，招攬新的事業者進駐。但政府招標的意圖依然以硬體事業為重，加上與特定單位之間已經擁有長年培養出的信賴感，蘇教授的提案還是敗給了其他團隊。想要在以都更為主流的價值觀當中，讓政府接受活用老舊空屋或閒置大樓的思維，不是一件容易的事情。

然而事態急轉直下。二〇一一年底，原本接受委託的大學團隊中途判斷計畫無法完成，於是便將委託計畫解約。重新招標的結果，一度落選的委託計畫，突然落到蘇教授團隊的頭上，雖然周邊的人並不看好，但蘇教授依然決定接受委託。周邊的人會不安也不是沒有道理。蘇教授必須承襲政府與先前的廠商之間決定的計畫目標，而五百萬元的預算中，已經有一百五十萬元在先前廠商的手中執行完畢，換句話說，蘇教授必須利用剩下的三百五十萬元完成他們的計畫。

計畫目標之一是在舊市區設立辦公室。蘇教授從二〇一二年一月一日就開始尋找適合當成辦公室的建築。這時蘇教授看上的，就是迄今的活動據點「中區再生基地」所進駐的場地。他們使用有限的預算，費時約兩個月，在助理與學生的協助下，幾乎以手工方式打造出這座基地。二〇一二年五月，中區再生

5　第一廣場：位於台中市中區綠川西街135號的購物廣場，一九九〇年將日治時期的台中市公有第一市場改建而成。二〇〇〇年前後，周邊逐漸開設東南亞商店，二〇一六年正式改名東協廣場。

基地便以東海大學建築研究中心的舊市區據點之姿開幕。

開幕時舉辦了頗富巧思的展覽會，同時展出舊市區的攝影家留下的日治時期與戰後的老照片，與邀請攝影家淺川敏先生拍攝的現代照片。這場展覽引起相當大的話題，不僅吸引當地的年長者參觀，也有許多年輕人前來造訪，甚至還將會期延長，對於舊市區日後的都市再生而言，也成為增加在地支持者不可缺少的墊腳石。

6 中區再生基地的嘗試

蘇教授與年輕助理們一起鉅細靡遺地調查舊市區的建築物使用狀況，以及土地的所有權狀態。他也前往拜會各里長與當地耆老，仔細傾聽他們的心聲。除此之外，與委託的政府進行意見協調、與希望進駐舊市區的人見面，也都是不可缺少的工作。蘇教授原本不是這方面的專家，付出的努力肯定難以計數。雖然每天都必須持續不斷摸索，但有些事情也只有經歷辛苦才看得見。

許多人捧場的二手市集

由於舊市區幾乎都由商業區組成，所謂的「居民」也多半不住在當地，所以他們不太具備把這裡當成「自己的社區」的自覺。蘇教授發現，在討論都市建設等硬體設備之前，必須讓居民了解這個區域的魅力，並且也宣傳給區域以外的人知道，激發居民對自己的社區引以為傲，進而醞釀出想要靠著自己的雙手改善居住環境的意識。而且他還發現，想在舊市區嘗試展開事業的人並不少。

於是蘇教授以中區再生基地為據點展開各種嘗試，藉此引起居民參與策畫的意識。譬如舉辦藝術或歷史等文化類的活動、二手市集、與居民一起實際改善社區閒置空間的實踐型工作坊、走訪空屋與閒置大樓的街頭徒步導覽活動、培養舊市區的導覽員，和發行社區報等等。

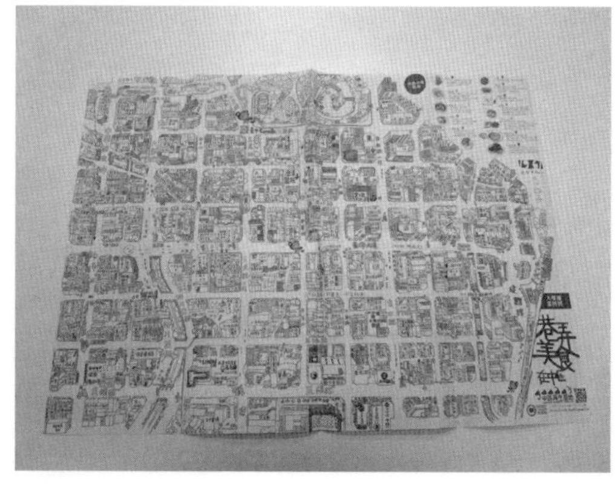

社區報

這些活動讓他們一點一滴地感受到回饋，舊市區居民的意識、還有觀光客等外來者看待舊市區的眼光，都確實好轉了。不僅如此，蘇教授也基於在各種調查中建立的人脈，將空屋介紹給想在舊市區展開事業而前來拜訪的人。

在此介紹其中一個案例。台灣大學企管系與社會系的學生，為了試著將大學某堂實習課中提出的商業模式方案付諸實行，而前來拜訪蘇教授。她們擁有極高的新創意識，又頗具膽量，蘇教授的團隊協助介紹了一棟兩層樓的閒置街屋給她們。她們便以畢業為契機，在那裡展開擁有共同工作空間的社群空間事業。除此之外，附近陸續也出現連觀光客都會順道參觀的繪畫教室，同時也有進駐到中區再生基地空間的台中導

年輕人聚集的共同工作空間

宮原眼科

覽團隊等等，舊市區出現愈來愈多新進業者挑戰的機會。

時勢巧妙站到蘇教授這邊也是事實。現在成為台中一大觀光景點的甜點店「宮原眼科」，於二〇一二年二月在舊市區的其中一個街區開幕。宮原眼科建造於一九二七年，原本是日本人宮原武雄開設眼科醫院時建造的建築，閒置數十年之後，由台中的糕點廠商日出集團將其改造為甜點賣店和餐廳，改造的同時也保留了當時的名稱與氣氛。這裡的賣點是無添加的水果冰淇淋，此外也有豐富的個性伴手禮，開幕沒多久就成為幾乎每天大排長龍的人氣商店。日出集團幾年前也將中區再生基地眼前的舊銀行「台中市第四信用合作社」改造成二號店，開幕之後也和宮原眼科一樣每天熱鬧異常。從宮原眼科的例子，可以看到只要操作得當，幾乎被拋棄的危樓也能改造成為成功案例的先驅模式。

蘇教授目前仍然以中區再生基地為據點，積極展開各種行動，年輕創業者在原本充滿空屋、閒置大樓的舊市區，一點一滴開始萌芽。蘇教授表示，接下來也像過去一路走來那樣，還有許多必須解決的課題。譬如該怎麼做才能把舊市區打造成不只年輕人，連同許多年長者也能活躍的場域、該如何培養肩負下一個世代的舊市區人才，以及中區再生基地該如何持續經營。這位都市計畫學者彷彿把自身當作自己的研究對象一般努力奮鬥。

蘇教授與中區再生基地對舊市區而言，發揮了「人與資訊之間的樞紐功能」，因此其存在具有相當寶貴的價值。雖然日後想必也會持續遭遇困難，但我也非常期待他們接下來的發展。

7 區域再生的新旗手

二〇一五年十一月，於北九州老屋再生學校的活動中，舉行了全國老屋再生會議。會議中，以東京大學的松村秀一教授為首的二十三名產學發起人，大家同意成立無權利能力社團[6]「老屋再生社區營造學會」。二〇一五年十月，第一屆學會於大阪市立大學舉行。而第二屆學會也在蘇教授等人的鼎力相助下，於二〇一六年二月以台中的中區再生基地為主要會場，舉行了為期三天的活動。當時聚集了多達五十名來自日本的參加者，在蘇教授等人的帶領下，參觀了前述他們在舊市區進行的多項計畫，以及舊市區周邊的地域再生現場。過程中也有機會拜訪一些地域再生的新旗手，

吳宗穎先生(照片提供：吳宗穎)

紅點文旅(照片提供：吳宗穎)

聽取他們的經驗。接下來就為大家介紹這些新旗手在台中正在執行的案例。

第一個案例是新銳事業家吳宗穎先生從事的活動。吳先生是紅點文旅的總經理，這間旅館位在舊市區西北方，距離舊市區大約只有一公里。

吳先生曾在倫敦的AA建築聯盟（AA School）與東倫敦大學（University of East London）學習建築，回到台灣之後，曾任職於專門收購中古屋，將其改建後再出售的建商以累積經驗。後來憑著過去取得的知識與技術獨立開業，將位在台中舊市區西北方約一公里處的蕭條老飯店連經營權一併收購，再靠著自己的設計，將其改造成設計旅館「紅點文旅」，在二〇一四年七月重新開幕。

紅點文旅保留了老建築的風貌、大量使用台灣的傳統建材，同時又融合了嶄新的設計，因此很快就受到國內外關注，並且獲得無數設計獎項。英國的每日快報（Daily Express）更將其評為「全球最有趣的旅館」，至今依然在評價網站上擁有高人氣。吳先生的團隊從展

6　無權利能力社團：和社團法人同樣都是由多數人為了達成特定共同目的而組織的團體，但不具有法人的資格。

紅點文旅（照片提供：吳宗穎）

開旅館事業時，就擁有共同的初衷：

「我們抱持著一種使命感，持續守護台中舊時代的痕跡。這樣的使命感，加上我們擁有的一座設計實驗室、以及這間老旅館，為一座城市的街頭與景色帶來影響，從中創造出理想的文創聚落。」

地域再生開創了他們的視野。

吳先生從二〇一六年開始進行另一項事業。他取得了位於綠園道附近，由審計處舊宿舍改建而成的文創園區的經營權。他將這座園區視為一間以「學習」為主題的大學，並與鄰近的美術館合作，企圖將這裡打造成培養年輕創作者與創業家的場域。除此之外，他也買下位於舊市區內，過去曾是知名舞

審計處舊宿舍

廳的廢棄大樓，策畫獨特的事業。本書雖然很想介紹，但因為內容仍須保密，所以無法透漏。但本書出版時很有可能已經開幕了，如果有機會行經台中，何妨過去一探究竟。

「帶來革新，超越業界，付諸實行。」

這是吳先生最初給我們的訊息。他是以不動產老闆、投資者、設計師、經營者的多重身分，執行超越業界的計畫，為地區帶來創新。

接下來再介紹另一個創投企業「范特喜」。這個企業以前述曾發生大規模火警的綠園道地區為中心，著手進行地區再生計畫。

綠園道（草悟道）剛好位於東側的舊市區與西側的新開發區之間，是一段南北長約兩公里的綠地。其北端為自然科學博物館，南端則是台灣美術館，夾在兩者之間的文化休閒地區——綠園道，可說是台中現在最繁華的地段。這裡在打造成文化休閒地區之前，曾經是喧囂的酒吧鬧區，治安也不是很好。但政府在前述的大規模火警之後加強取締，鬧區中的多數酒吧幾乎同時撤離。范特喜將辦公室設在這些空店面的一角，繼承這個空洞化街區建築所擁有的歷史，同時尋求再生。過去四年來，他們為其中二十棟建築，共五十間租賃店鋪找來微型創業家進駐，邀請他們提供新的生活型態與社群。

范特喜的負責人是任職於建築相關公司鍾俊彥先生。鍾先生的姊姊是這個區域內的老屋的房東，而他的事業就從接受姊姊的諮詢開始。二〇〇九年，綠園道雖然已經建設完成，但姊姊的房子所在的區域卻反而因為荒廢而蕭條。鍾先生在著手翻修家屋的同時，也進行市場調查，發現許多年輕人都想在這個區域創業。他於是將改建的兩層樓建築隔成七間小型店鋪出租以壓低租金，結果不到一個月就全部租出去了。這次成功的經驗成為鍾先生獨立開業的契機，他在二〇一一年成立范特喜公司，接連展開這個區域內的老屋整建。

他的事業當中，目前最受矚目的是二〇一三年開幕的「綠光計畫」。這裡原本是台灣自來水公司的宿舍，已經閒置了將近二十年。范特喜將相連近一百公尺的宿舍形式廢屋，改造成文創聚落。這個聚落同時也是培養創業家的育成中心，現在已經有餐廳、服飾店、美容院、手作商店等店鋪進駐，許

綠光計畫

多年輕的新手創業家在此活躍。紅磚保留了當時建築的風情，環境充滿綠意，即使只在二樓寬廣的陽台，與隨處設置的中庭散步也樂趣無窮。聚落內的一角也設有藝廊，這間藝廊與日本各都市的藝廊都有合作，不時會邀請日本的藝術家前來舉辦個展或活動，與日本之間的文化交流似乎相當頻繁。

綠光計畫現在已經成為活用老建築的區域再生，與年輕創業家的育成事業相輔相成的先驅案例，他們的努力傳遍整座台灣島，吸引許多來自海內外的旅客前來。

「你的生活，是我遠道而來的風景。」

這是鍾先生喜愛的一句話。仔細繼承建築物留下的生活軌跡，是他們寶貴的理念。

8 嘉義：規模截然不同的兩件區域再生案例

有些地域再生的操作方式規模雖小，卻能為人們帶來感動。我在嘉義遇到的，由南華大學的陳正哲助理教授等人主導的案例就是如此。

提到嘉義，最知名的就是世界三大登山鐵路之一的阿里山森林鐵路了，其終點阿里山站採伐的紅檜也相當聞名。一九〇〇年，日本人在阿里山發現樹齡古老的天然高品質紅檜，這座城市便因為林業而快速繁榮起來。一九一四年，現在的阿里山森林鐵路開通，鐵路的起點北門站成為林業與森林產業的核心地點。嘉義就以北門站為中心，發展成一座熱鬧的紅檜城市。阿里山採伐的台灣紅檜多數出口到日本，大量用來興建日本國內的寺廟神社。戰後，林業與森林產業由於社會經濟的趨勢，以及高漲的環保意識而逐漸衰退，過去因林業與森林產業而興盛的阿里山及北門站周邊地區，現在則成為發展觀光的場所。

成為廢屋的嘉義舊監獄宿舍群

透過陳教授與學生之手而再生的宿舍

南華大學建築系負責教育研究的陳正哲助理教授，就在嘉義這塊土地上，展開與嘉義舊監獄比鄰而建的宿舍群再生計畫。

嘉義舊監獄建造於日治時期一九二二年，走過七十二年的歷史，在一九九四年結束任務。二〇〇二年被認定為嘉義市古蹟，現在則打造成獄政博物館，開放給一般大眾參觀。為了方便當時在監獄工作的職員，宿舍區與監獄比鄰而建，區域內共有一一八棟宿舍建築。但監獄關閉之後，除了部分職員遺族居住的區域之外，其他建築都成為空屋而日漸荒廢。我參觀了部分空屋，看到不少地方連柱子都被鋸走，相當令人心痛。根據陳教授說明，這些宿舍使用阿里山的紅檜打造，因此了解其價值的宵小便會將柱子鋸走盜賣。

陳教授接受當地文化局的委託，獲得一年台幣一百萬元的預算，從二〇一五年開始著手再生活動。然而宿舍群占地超過一公頃，廢屋多達數十間，台幣一百萬元的預算，能做的事情極為有限。陳教授認為建築對學生而言也是活教材，因此便率領學生靠著DIY的方式，以一年幾間的步調慢慢整修。陳教授與學生，加上前來支援的畢業生，從打掃及拆除荒廢建築物的周邊開始，盡可能以手工的方式整理建材、設計、施工，首先完成的第一棟建築，就當成區域再生的活動據點使用。我們首次造訪的二〇一六年四月，正值據點剛完工不久，當時陳教授與學生使用自製披薩窯爐烤出的披薩與

透過陳教授與學生之手而再生的宿舍

在地料理招待我們，讓我們不勝感激。附帶一提，半年後的二〇一六年十一月，我與大群學會參加者一起造訪之際，陳教授與學生也為了接待前來參觀考察的我們，而緊急將隔壁棟的建築改建成會議室。真的非常感謝他們。

這個據點也兼具樣品屋的功能。建築物的牆壁與地板等各個地方都貼著卡片，鉅細靡遺地說明施工使用的材料、耗費多少勞力、花多少金額打造。陳教授未來考慮將其餘的宿舍出租，利用減免前幾年的租金，換取入住者的自費整修，如此一來既能讓入住者獲得自己想要的空間，陳教授也能以極低的預算推動區域再生。這個據點對於未來的入住者而言就是最有力的說明，能讓他們理解改建幾成廢屋的宿舍需要多少工夫、耗費多少費用、最後又能完成什麼樣的空間。

陳教授也苦心經營與木材相關產業的年輕業者之間的網路。他將這個地域再生的場域當成培養皿，從知識面與技術面，培育、培養挑起木材產業的新血，試著將嘉義打造成全新的木材相關產業生活圈。嘉義原本就是因為木材產業而繁榮的城市，但過去培養出的知識、技術與生活型態，對居民而

陳教授在老屋再生社區營造學會中進行現場說明

言已經成為遙遠的存在。

「我想讓木材回歸嘉義人的生活，在這裡提升人們的層次。」

儘管規模小，陳教授依然活用嘉義當地的固有財產，致力於發展新產業、復甦舊地區，和培育新人才。

我們這些參加學會的人，在考察了陳教授的活動之後，也參觀了位在其西側大約五百公尺處，靠近北門車站的「檜意森活村」。這是在日治時期為林業從業人員建造的舊宿舍群，業者花了台幣四億元費用與四年的時間整修完成，並於二〇一四年開幕，現在成為嘉義市一大

檜意森活村

觀光名勝。業者修復了日治時期建造的紅檜日本家屋群，活用這些空間開設販賣農產品、工藝品的商店以及咖啡店。我們造訪時戶外也正在舉行音樂活動，觀光人潮眾多，相當熱鬧。區域內的日本家屋群修復地相當完整，與戶外園區共同形成了一個蘊藏著歷史的高雅空間。

我與一起在園區內漫步的藍色工作室(blue studio)的石井健先生，雖然都對檜意森活村與陳教授的活動之間的規模差距之大感到困惑，但也聊到至少這個園區就兼顧古老的歷史建築與提供優質空間這點而言，應該是一種成功的地域再生模式。

再說，比較這兩種事業原本就沒有道理，兩者的做法沒有對錯之分。只不過，忍不住將感情投射在腳踏實地，一步步努力實踐的陳教授身上，或許是我們的天性。參加學會的大家，也都對於陳教授的行動極為感動，立刻表示希望能夠繼續與陳教授交流，支援他們的行動。

地域展開的新創事業，經常能帶給人們感動與共鳴。這樣的情感有時候也會引起化學反應，引來新的支援與投資，將事業推到下一個階段。這是我至今看到、聽到、體驗到的許多地域再生現場共通的現象。

結語

本書在邊境尋求名符其實的地域再生「新疆域（frontier）」。我國的地方創生，指的是活用各個地區的個性或特徵，打造自律且永續的社會。但想要達成這個目標，首先必須存在有意願維持這個地域、找出地域固有價值，並且率先展開行動的居民。就這點而言，本書舉出的各地案例，都把焦點擺在從個人挑戰性的活動演變成組織的現場。我們生活的地域也有其難題，這些案例想必能夠帶來諸多啟示。另一方面，各地案例過於多樣，難以掌握整體圖像，或許也是閱讀本書時的難題。這也是理所當然，因為所有的案例都是特定的人，搭配上特定的地域所產生的，具有極高特定性的個別解方。因此「整體化」本身，就會破壞在各個案例中原本應該關注的特定性，甚至有可能讓日後想要參與地域再生的讀者產生不必要的誤會。至少地方創生本質上的意義，就不是追求像特效藥一樣全體適用的一般解方，而是百人百樣的個別解方。因此本書僅止於站在觀察者的立場，為創生提供新的發想。如果本書可以成為前往地域再生新疆域的路標，或是當讀者重新回顧自己生活的地域時，可以活用本書做為指引，對於編寫本書的我們而言將是莫大的鼓勵。

編纂本書的我們，也就是松永與德田，於二〇一五年初正式啟動企畫，費時兩年，與合著者一起前往當地進行調查，並將成果收錄在本書當中。二〇一五年九月，除了我們兩人之外，當時九州工業大學德田研究室的成員篠川慧也與我們一起走訪芬蘭、阿爾卑斯地區、義大利，了解當地邊境的動向。我們在芬蘭與當時住在赫爾辛基的合著者鷹野敦；在義大利與當時住在拿坡里的中橋惠會合，毅然決然前往各地調查採訪。二〇一六年四月，包含我們在內的三人，在東京大學松村秀一教授強大的人脈下，前往台灣進行採訪，同年八月與十一月，德田再度造訪台灣進行調查。另一方面，我們則在同年的八月與九月，分別與各章的合著者宮部浩幸、鈴木裕一、漆原弘共同前往葡萄牙、西班牙、愛爾蘭、蘇格蘭，實際接觸各地的活動。

本書在製作時，獲得各界許多幫助。第一章（阿爾卑斯地方）承蒙法政大學的網野禎昭教授諸多指教，讓我們在當地能夠進行更充實的調查採訪。第二章（義大利），則獲得已經針對分散型旅館進行過實地調查的日本大學渡邊康教授，以及分散型旅館協會的會長吉安卡洛．戴爾拉的鼎力協助。後來戴爾拉先生甚至造訪日本，認定宮崎晃吉等人打造的谷中「HAGISO」與「hanare」為日本第一座分散型旅館。至於第三章（庇里牛斯南麓地方）的調查，則獲得合著者鈴木裕一的老朋友，巴塞隆納大學藝術系副主任兼雕刻家曼紐埃爾．艾門德羅，以及其兄長華金．艾門德羅的熱情支援。此外，餐廳兼旅館「馬歇爾」的老闆兼主廚恩立奎．馬丁內斯，不僅親切仔細地回應我們的採訪，也讓我們這些從日本遠道而來的稀客住宿一晚，並提供極為豪華美味的餐點。第四章（里斯本等地）在葡萄牙的調查，承蒙里斯本大學的卡洛斯．迪亞斯．柯艾羅教授、賽吉歐．普恩薩助教以及駐葡萄牙的建築師伊藤廉仔細介紹當地的先進案例。同時也要感謝艾勒斯．馬提斯事務所的安齋瑞穗小姐，介紹德拉弗這個邊境中的邊境，讓我們全都感到驚訝，我們大概是全日本第一組前往當地調查的團隊。第五章（都柏林等地）的調查，很感謝霍斯城堡料理學校的經理芬恩爽快答應採訪，而第六章則承蒙合著者漆原弘的友人，同時也是畫家彼得．葛拉罕誠懇又仔細地導覽，不僅讓我們有機會造訪格拉斯哥藝術聯誼會，也讓我們更正確掌握格拉斯哥這座藝術都市的真實樣貌。第七章（芬蘭）則要感謝三澤建設派駐當地的大串和也與藤田浩，帶我們參觀製材所的每個角落，也承蒙建築師兼家具職人米可．梅茲、山田吉雅與玻璃創作者卡蜜拉．莫培格說明皮納斯與菲斯卡爾斯的狀況。第八章（台北等地）如果沒有東海大學的蘇睿弼助理教授、南華大學的陳正哲助理教授等人的熱情相助，我們就無法採訪到如此貼近當地的真實狀況。

除此之外，九州工業大學德田研究室成員篠川慧、野村龍二、田坂友美在第八章的調查中也提供了協助。本書如果缺少學藝出版社前田裕資先生的幫助，絕對無法出版。除此之外，各章在採訪調查與撰寫時，也獲得各個地區許多人的幫忙。本書是這些龐大支援的結晶，最後要藉此再次獻上我們的謝意。

二〇一七年三月

德田光弘．松永安光

注釋・參考文獻

序章

1 山口昌男『知の祝祭　文化における中心と周縁』河出書房新社，一九八八。

2 宮本常一『辺境を歩いた人々』河出書房新社，二〇〇五。

3 松永安光「地方創生の新潮流——辺境に最先端を見る」『WEB版建築討論』第7号、日本建築学会，二〇一六。[http://touron.aij.or.jp/2016/01/464]

第1章　阿爾卑斯地方

1 「特集・ジョン・A・カミナダ」『a+u』，二〇一五年十月。

第2章　義大利

1 日本人口未滿一萬人的市區町村占所有市區町村的比例為二十八・四七％（總務省資料，截至二〇一五年一月一日)。

2 「第三義大利」包含托斯卡尼大區、溫布利亞大區、馬凱大區、艾米利亞-羅馬涅大區、弗留利・威尼斯朱利亞地區、特倫托自治區等地。

3 義大利在六〇年代以威尼斯為中心的穆拉多利(Muratori)學派,站在學院的立場提出從時間的連續性觀察都市與聚落的變遷,並從住宅到地區、都市、地域的空間組織價值評估手法(陣內秀信『イタリア都市再生の論理』鹿島出版会,一九七八,第五十四頁)。

4 二〇一五年,從義大利移居外國的義大利人總數中,年輕人(十八到二十四歲)占三十六・七%,較上個年度增加六・二%。根據義大利國家統計局推測,實際的移居者人數相當於其三倍。

5 倫巴底大區、拉齊奧大區、坎帕尼亞大區、威尼托大區等在往後七年已編列六千二百萬歐元~十億歐元的補助金預算。但實際上,據說未登錄為新創事業的業者多達一千萬件。

6 松永安光・徳田光弘『地域づくりの新潮流』彰国社,二〇〇七年,第三十七頁。

7 島村菜津『スローシティ 世界の均質化と闘うイタリアの小さな町』光文社,二〇一三年,第三十頁。

8 根據義大利國家統計局統計,二〇一五年登錄的休閒農場總數為兩萬兩千兩百三十八件,較二〇一四年增加二・三%。

9　二〇一六年義大利的失業率為十一・七%。就地域別來看，多數集中在義大利南部。十五到二十四歲年輕人占義大利整體失業率的三十七・九%，在歐洲排名第三，僅次於希臘、西班牙。

10　二〇一五年食品領域的整體收入總計達到一百三十五億歐元，食品出口領域也較上一個年度成長七%（出處：義大利農林政策部）。

11　Giancarlo Dall'Ara, Manuale dell'Albergo Diffuso, Franoangeli, 2015, p.23

12　宗田好史『なぜイタリアの村は美しく元気なのか』学芸出版社，二〇一二年，第七十頁。

13　Giancarlo Dall'Ara, Manuale dell'Abergo Diffuso, Franoangeli, 2015, p.103.

14　Guida d'Italia, Basilicata Calabria, touring club italiano, 1980, p.15.

15　由於二〇一六年四月法國實施食品廢棄禁止法，因此義大利也在二〇一六年八月，通過超市與餐廳的食品廢棄限制法案。

16　住環境計画研究所『米国・欧州における省エネルギー政策について』（経済産業省　総合資源エネルギー調査会　省エネルギー・新エネルギー分科会　省エネルギー小委員会〔第一回〕配布資料）　[http://warp.da.ndl.go.jp/info:ndljp/pid/10207750/www.meti.go.jp/committee/sougouenergy/shoene_shinene/sho_ene/pdf/001_10_00.pdf]

17　Gestore servizi energetic, Rapporto Statistio 2012｜Solare Fotovoltaico.

[http://www.gse.it/it/Dati%20e%20Bilanci/GSE_Documenti/osservatorio%20statistico/Il%20Solare%20fotovoltaico%202012%20-%20web%20def.pdf]

● 第4章　里斯本等地

1 關於葡萄牙的歷史，金七紀男的『增補版ポルトガル史』（彩流社、2003）中有詳細資訊。

2 宮部浩幸『ポルトガルの建築における修復・改修デザインに関する研究：ポウサーダに見る再生手法と理念』東京大学博士論文，二〇〇八。

3 建商為MainSide real estate investment group。

4 Michel Toussaint+Maria Melo, Guia de Arquitectura de Lisboa 1948-2013, A+A Books, 2013, p.96.

5 同上，第三十八頁。

6 木片碎屑加工成板狀的建築材料。

● 第5章　都柏林等地

1 根據國際貨幣基金組織在二〇一五年度的統計，愛爾蘭的人均GDP為世界第八名，日本為第二十八名。愛爾蘭已經凌駕日本，成為僅次於北歐與瑞士的富裕國家。

2 Córas Iompar Éireann（CIE）專營國營鐵道、市內巴士、長距離巴士、都柏林巴士服務、海外觀光客的長距離巴士服務，同時也經營旅行社。

3 中央政府為改良與開發聖殿酒吧區而制定專法（Temple Bar Area Renewal and Development Act 1991），支援開發。

4 Temple Bar Development Council (TBDC)

5 Traders of the Area Supporting the Cultural Quarter（支援文化地區的區域業主團體）的字首。

6 庫羅（Klaw）取名自英語中蝦或蟹的鉗子（Claw）。

7 根據愛爾蘭觀光局Falite Ireland的統計。

8 正式名稱為「The English Heritage Trust」。維護、保存的史蹟範圍極廣，除了建築物之外，像巨石陣之類的紀念碑也在其管理範圍內。

9 這類事業最知名的例子，就是查爾斯王子創辦的有機食品品牌公爵（Duchy）。據說該品牌創辦之初，使用查爾斯王子的莊園（Duchy of Cornwell Estate）中採收的食材製成燕麥餅乾，委託附近的商店販賣。而公爵現在已經與英國的超市合作，提供各式各樣的有機食品。

10 十九世紀至二十世紀初，英國代表的建築師。曾在英國與印度等地，參與紀念建築物與都市計畫等國家級專案、大規模商業設施，以及莊園之屋的設計。

第6章　格拉斯哥

1. The Glasgow Government School of Design
2. 創辦後第三年的一八四八年，允許首位女性學生入學。
3. 英國現在仍保留許多會員制的聯誼會，多數創辦於十八到十九世紀。
4. 麥金托什設計的格拉斯哥藝術學院於一八九七年開始建設，第一期工程在兩年後完工。但第二期工程卻花了八年的時間才籌措到足夠的經費，因此全部完工要到一九〇九年，從設計到完工總共經過了十年以上。
5. Scotland's Centre for Architecture, Design and the City
6. 純麥威士忌的原料為大麥麥芽。

第7章　芬蘭

1. International Energy Agency, Energy Policies of IEA Countries | Finland 2013 Review. [https://www.iea.org/publications/freepublications/publication/energy-policies-of-iea-countries---finland-2013-review.html]

2 Finnish Forest Research Institute, Forest Finland in Brief 2013. [http://www.metla.fi/metinfo/tilasto/julkaisut/muut/Forest-Finland_2013.pdf]

●第8章　台北等地

1 詳細台灣歷史可參閱伊藤潔『台湾 四百年の歴史と展望』(中央公論社，一九九三)。

2 野嶋剛在『台湾とは何か』(筑摩書房，二〇一六)這本書中提到，日本社會在面對台灣的存在時，明顯陷入「思考停滯」的狀態。

3 寶藏巖國際藝術村的網站(http://www.artistvillage.org/)提供大量停留在台灣時的藝術資訊與活動資訊。

4 關於日治時期台中都市計畫變遷的詳情，可參閱林良哲等人撰寫的『台中文獻6 台中市歷史建築發展回顧(一九四五以前)專輯』(台中市政府文化局，二〇〇三)，或是陳湘琴與池田孝之「日本統治時期における台中市都市計画の特徴と整備過程に関する研究」『日本建築学会計画系論文集』(第五十號，二〇九至二一五頁，二〇〇一年十二月)。

5 田坂友美・徳田光弘・篠川慧・野村龍二「台中市旧市街地における日本統治時代都市計画の継承状況」『日本建築学会九州支部研究報告』(二〇一七年三月)。調查研究於二〇一六年九月十四日到二十二日之間，在台中舊市區實施，並根據日治時代的臺中商工案內（昭和十六年發行）中每條街道上的店鋪種類畫分進行調查。

6 篠川慧・徳田光弘・野村龍二・田坂友美「台中市旧市街地における亭仔脚の利用実態」『日本建築学会九州支部研究報告』二〇一七年三月。

7 槇文彦「奥の思想」『見えがくれする都市』鹿島出版会，一九八〇。

關聯網頁清單

以下為本書介紹的案例或設施的網頁清單（二〇一七年四月資料），請與書中內容參照閱讀。

● 序章

美食科技大學（UNISG, University of Gastronomic Sciences）
http://www.unisg.it/

國際社會學會期刊
http://isa-global-dialogue.net

● 第1章　阿爾卑斯地方

第2節

格瑟斯．瓦爾沙塔溪谷（Grosses-Walsertal）

http://www.austria.info/uk/service-facts/about-austria/austria-green-credentials/grosses-walsertal

聖格羅爾德村公所竣工照片

https://www.architonic.com/en/project/cukrowicz-nachbaur-architekten-st-gerold-community-center/5100020

http://www.detail-online.com/inspiration/community-centre-in-st-gerold-103514.html

布隆斯村公所竣工照片

http://www.klomfar.com/en/archive/projects-photography/project/community-center-blons.html

第3節

赫曼・卡夫曼事務所（Architekten Hermann Kaufmann ZT GmbH）

http://www.hermann-kaufmann.at/?pid=&kid=&lst=&prjnr=&lg=en

克利公司（Cree GmbH）

http://www.creebyrhomberg.com/en/

LCT・ONE施工中的影片

http://www.prnewswire.com/news-releases/cree-buildings-sustainable-tall-wood-building-system-arrives-in-us-with-san-francisco-office-and-greenbuild-2012-exhibit-176355281.html

同上竣工照片

http://www.hermann-kaufmann.at/index.php?pid=2&kid=&prjnr=10_21&lg=en

IZM的雜誌網站

http://www.detail.de/artikel/holz-hybrid-bausystem-illwerke-zentrum-montafon-11644/

第4節

盧德施鎮公所竣工照片

http://www.detail-online.com/inspiration/community-centre-in-ludesch-103286.html

第5節

弗林村介紹網站

http://www.wanderland.ch/en/services/places/ort-0116.html

瓦爾斯溫泉浴場（Therme Vals）介紹網站

http://7132.com/en

第2章　義大利

第2節

分散型旅館協會官方網站

http://www.alberghidiffusi.it

第3節

薩賈里旅舍（Borgo dei Sagari）

http://www.borgodeisagari.it/it/borgo-di-zagarolo/

第4節

Eco貝爾蒙泰分散型旅館（eco Belmonte）

http://www.ecovacanzebelmonte.it/it/

卡斯泰維泰的分散型旅館（Borgo di Castelvetere）

http://www.borgodicastelvetere.it/il_borgo.php

第5節

星座（Le Costellazioni）

http://www.lecostellazioni.eu

塞尚提歐（Sextantio）

http://legrottedellacivita.sextantio.it/en/

第6節

莫斯托納度假村（Borgo di Mustonate）

http://www.borgodimustonate.it

● 第3章　庇里牛斯南麓地方

第2節

鬥牛犬餐廳（El Bulli）

http://elbulli.com/

圖香特村（Tuixent）

http://www.catalunya.com/tuixent-la-vansa-17-15004-14?language=en

「絹之滴」相關網頁

http://www.comerjapones.com/sake/bodega/seda-liquida

第3節

奧斯曼迪（Azurmendi）

https://www.azurmendi.biz/azurmendi-gourmet-

永續發展的目標（SDGs）

http://www.unic.or.jp/news_press/features_backgrounders/15775/

第4節

恩立奎・馬丁內斯（Enrique Martinez）

http://sobremesa.es/not/2561/enrique-martinez-para-maher-cocina-de-talento-y-escala/

龐迪哥・馬歇爾食品工廠（Maher Catering）

http://www.mahercatering.com/

第5節

巴斯克廚藝中心

http://www.bculinary.com/en/home

蒙德拉貢公司（日文）

http://www.mondragon-corporation.com/jp/

蒙德拉貢大學

http://www.mondragon.edu/en

● 第4章　里斯本等地

第2節

德拉弗童軍中心（Drave Scout Center）

http://www.dravescoutcentre.com/

第4節

LX工廠

http://www.lxfactory.com/EN/welcome/

第5節

一樓計畫（Rés do Chão project）

http://resdochao.org/

第6節

TIME OUT美食市集（TIME OUT Market）

http://www.timeoutmarket.com/en/

葡萄牙生活（A Vida Portuguesa）

http://www.avidaportuguesa.com/

第8節

伊藤廉事務所

http://www.ren-ito.com/

1930城市旅館（1930 City Lodge）

http://www.1930citylodge.com/

●第5章　都柏林等地

第2節

庫羅餐廳（Klaw）

http://klaw.ie/

第3節

章魚仔餐廳（Octopussy）

http://octopussys.ie

第4節

巴利馬洛料理學校（The Ballymaloe Cookery School）

http://www.ballymaloe.ie

霍斯城堡料理學校（Howth Castle Cookery School）

https://www.howthcastlecookeryschool.ie

第6章　格拉斯哥

第2節

格拉斯哥藝術學院（Glasgow School of Art）

http://www.gsa.ac.uk

第3節

燈塔（Light House）

http://www.thelighthouse.co.uk/

創意蘇格蘭（Creative Scotland）

http://www.creativescotland.com

商業入口（Business Gateway）

http://www.bgateway.com

第4節

格拉斯哥蒸餾所（Glasgow Distillery）

https://glasgowdistillery.com

蘇格蘭精釀蒸餾所協會（Scottish Craft Distillers Association）
http://scottishcraftdistillers.org
蘇格蘭國際發展局（Scottish Development International）
https://www.sdi.co.uk

第7章　芬蘭

第1節

阿爾托大學（Aalto University）
http://www.aalto.fi/fi/

第2節

三澤建設（芬蘭）
http://www.misawa-homes.com/company_jpn.html

第3節

芬歐匯川集團（UPM Kymmene Oyj）

http://www.upm.com/Pages/default.aspx

第4節

木材專家的工會

http://www.propuu.fi/profin/index.php/en/pro-puu-centre

木造文化（Wood in Culture）

http://www.woodinculture.fi/en/yhdistys/

第5節

Onoma

http://onoma.fi/en/

NIKARI

http://nikari.fi

神戸竹中大工道具館

http://www.dougukan.jp

曾在NIKARI學藝的日本家具職人開設的工坊（株式會社 永野製作所）

http://www.n-mfg.com

第8章　台北等地

第2節

華山1914文創園區

http://www.huashan1914.com/index.php

松山文創園區

http://www.songshanculturalpark.org/

駁二藝術特區

http://pier-2.khcc.gov.tw/home01.aspx?ID=1

第3節

台中國家歌劇院

http://www.npac-ntt.org/index

第4節

老屋再生學校（Renovation School）

http://renovationschool.net/

第5節

中區再生基地

https://www.facebook.com/GoodotVillage/

第6節

好伴（共同工作空間）

https://www.facebook.com/HappenTaichung/

宮原眼科

http://www.miyahara.com.tw/

台中市第四信用合作社

https://www.facebook.com/tc4cbank/

第7節

紅點文旅

http://www.reddot-hotel.com/jp/

范特喜

http://www.fantasystory.com.tw/

綠光計畫

https://www.facebook.com/GreenRay.2013/

第8節

南華大學陳正哲教授主導的計畫（R School 營繕塾-GaYi）

https://www.facebook.com/rschool.momocity/

檜意森活村

http://www.hinokivillage.com.tw/

藍色工作室（Blue Studio）

http://www.bluestudio.jp/

地方創生最前線：全球8個靠新創企業、觀光食文化，和里山永續打開新路的實驗基地
世界の地方創生：辺境のスタートアップたち

編著　松永安光、德田光弘
著者　中橋惠、鈴木裕一、宮部浩幸、漆原弘、鷹野敦
譯者　林詠純
總編輯　周易正
責任編輯　楊琇茹
封面設計　Birdy Yang
內文排版　黃鈺茹
行銷企劃　毛志翔、陳姿華
印刷　崎威彩藝

定價　320元
ISBN　978-986-96223-2-5
2020年8月　初版三刷

國家圖書館出版品預行編目資料

地方創生最前線：全球8個靠新創企業、觀光食文化,和里山永續打開新路的實驗基地 / 中橋惠等著；松永安光,德田光弘編著；林詠純譯. -- 初版. -- 臺北市：行人文化實驗室, 2018.03
240面；14.8×21公分. -- (Fork；2)
譯自：世界の地方創生：辺境のスタートアップたち
ISBN 978-986-96223-2-5(平裝)

1.產業政策 2.區域開發 3.日本

552.31　　107004098

出版者　行人文化實驗室（行人股份有限公司）
發行人　廖美立
地址　10074台北市中正區南昌路一段49號2樓
電話　+886-2-3765-2655
傳真　+886-2-3765-2660
網址　http://flaneur.tw

總經銷　大和書報圖書股份有限公司
電話　+886-2-8990-2588